学級会指導完ペキマニュアル

辻川 和彦 編著

JN048313

明治図書

まえがき

学級会をしていますか？

　あなたの教室では，学級会をしていますか？

　学級会とは，学級活動の活動形態の１つであり，子どもによる司会によって学級全員で行う話合い活動です。しかし，私の周りにいる教師や，知り合いの教師に聞いてみると，定期的に学級会を行っている教室はほとんどありません。あっても，代表委員会の議題を学級で検討する時だけです。それも，話合いの指導がなされないままに行われるので，意見が活発に出ることもなく，「原案どおり」で終わることがほとんどです。

　2018年に小学校で，2019年に中学校で道徳が教科化されましたが，その理由の１つに，年間35時間の道徳授業がきちんと実施されていないということがありました。ところが，きちんと実施されていなかったのは，道徳だけではなかったのです。学級活動の時間に行われる「学級会」も，実は多くの教室できちんと実施されていないのです。（不思議なことに，そのことはあまり問題になっていませんが）

　なぜ，学級会は実施されていないのでしょうか。

学級会が行われない理由

　まず，教師が

> 学級会の指導の仕方がわからない

ということが大きいでしょう。

　やり方がわからないのであれば，学級会を避けるのは当然です。初任者研修でも，学習指導要領に関する学級活動の目標は学んでも，実際の学級会を

運営するところまでは面倒をみてくれません。手取り足取り教えてくれる同学年の教師がいればよいのでしょうが，そこまでやる教師は少ないでしょう。

次に，

> 学級会の指導は，面倒くさい

と感じている教師が，実はかなり多いからです。

学級会は，突然，教師が議題を提示し，「今からこのことについて話し合いなさい」と言っても，できません。無理やりやっても，子どもたちはなかなか発言しないし，司会は全然進められないでしょう。そうしているうちに，時間がたりなくなって次の時間も使わなくてはならなくなる……。

このような「学級会あるある」をなくすには，綿密な計画による子どもたちの準備や教師の仕掛けが必要です。しかしそれは，学級会指導に疎い教師や関心の低い教師にとっては，大変面倒なことです。教師が主導して結論を出す方が，よほど手っ取り早いのです。

最後に，

> 学級活動の時間が「何をやってもよい時間」になっている

からです。

学級活動も各校にカリキュラムがあり，年間35時間（１年生は34時間）行うことになっています。しかし実際には，学校行事の準備や感想を書く時間に使われたり，席替えや教科の学習の補充の時間になったりしています。

それは，「学級活動」という名称により，何をする時間なのかがあいまいになり，「これも学級活動の時間でいいだろう」と考えてしまいがちになるからです。いっそのこと，「学級会の時間」という名称だったらわかりやすいのですが，「学級活動」の時間のすべてが学級会ではありません。その内容は非常に多岐にわたっており，給食指導を含めた食育指導や清掃，学校図

書館等の活用などもすべて「学級活動」に含まれているのです。およそ教科以外の内容をすべて含めてしまっているということも，教科に入りきらない雑務を「学級活動」で処理しようとする遠因になっています。結果，「学級活動」を複雑であいまいにしてしまい，学級会の時間が減ってしまっているのです。

　以上のような理由から，学級会が行われていない現状があります。そして，その結果，話合いの文化が根づいていない教室が全国にあるのです。

教室に「話合いの文化」を

　本書では，「学級会の指導のやり方がわからない」という教師のために，学級会の基本的な指導方法やその考え方を示しました。「わからない」「面倒くさい」と思っていた教師も，やり方がわかれば「やってみようかな」と関心を示すかもしれません。なにより，年間を通して学級会を行っていくと，子どもたちの育ちがよく見えてきます。子どもの成長を実感すれば，より積極的に学級会に取り組もうとする意欲がわくでしょう。

　2020年度から小学校で完全実施される新学習指導要領では，「主体的・対話的で深い学び」が求められています。国語や算数など，教科の授業でも積極的に対話活動が取り入れられています。それなのに，話合い活動の主な活動である「学級会」がおざなりにされている現状を，そのままにしておくわけにはいきません。本書が学級会の指導に躊躇していた教師が，少しでも学級会の指導に取り組むきっかけになれば幸いです。

　教室に「話合いの文化」が定着することを願ってやみません。

辻川　和彦

Contents

まえがき

第1章 学級会のシステムづくり

学級会の目的を語る ・・・・・・・・・・・・・・・・・・・・・・・・・・・・・・・・・・・・・・・ 10
学級会のやり方を指導する ・・・・・・・・・・・・・・・・・・・・・・・・・・・・・・・ 14
問題意識をもてる議題を用意する ・・・・・・・・・・・・・・・・・・・・・・ 18
子どもに任せる流れをつくる ・・・・・・・・・・・・・・・・・・・・・・・・・・・ 22
学級会までの流れと原則 ・・・・・・・・・・・・・・・・・・・・・・・・・・・・・・・ 26
コラム　道徳と学級活動の違い ・・・・・・・・・・・・・・・・・・・・・・・ 30

第2章 学級会の指導のポイント

1 計画委員会の指導のポイント

計画委員会の役割分担 ・・・・・・・・・・・・・・・・・・・・・・・・・・・・・・・・・・ 32
計画委員会の交替システム ・・・・・・・・・・・・・・・・・・・・・・・・・・・・ 34
学級会の進行マニュアル ・・・・・・・・・・・・・・・・・・・・・・・・・・・・・・・ 36
司会への指導のポイント ・・・・・・・・・・・・・・・・・・・・・・・・・・・・・・・ 38
黒板書記への指導のポイント ・・・・・・・・・・・・・・・・・・・・・・・・・ 40
ノート書記・計時・計画委員会全体への指導のポイント ・・・・・・・・・・ 42

2 事前指導のポイント

問題の発見①　子どもから問題を集める ・・・・・・・・・・・・・・・・・ 44
問題の発見②　教師から課題を提案する ・・・・・・・・・・・・・・・・・ 46
議題の決定 ・・ 48
活動計画の作成 ・・ 50
議題への関心を高める ・・・・・・・・・・・・・・・・・・・・・・・・・・・・・・・・・ 52

提案理由の設定 ···································· 54

　3　「学級会の時間」の指導のポイント

机の配置 ··· 56

提案理由を意識させる ····························· 58

教師の位置と指導・支援 ··························· 60

板書の指導 ·· 62

合意形成の仕方 ···································· 64

先生の話 ··· 66

　4　事後指導のポイント

決めたことの実践 ·································· 68

ふり返り ··· 70

次の課題発見へ···································· 72

コラム　発言するのは教師でさえ尻込みする⁉ ··········· 74

第3章　学年別　学級会の指導のポイント

　1　低学年の学級会の指導

絵本や写真を活用し，話し合うテーマについての問題意識を高める···76

　2　中学年の学級会の指導

子どもたちが中心になって運営できる学級会をめざす ··············· 80

　3　高学年の学級会の指導

子どもたちだけで運営できる「学級会システム」 ··················· 84

コラム　多数決の怖さ ·································· 88

第4章　学級会の実際

■1 学級や学校における生活上の諸問題の解決
【低学年】立場を明確にして，全員参加の学級会にする・・・・・・・・・・・・・90
【中学年】臨時学級会で子どもの切実な思いに応える・・・・・・・・・・・・・・92
【高学年】問題に対する切実感を高める・・・・・・・・・・・・・・・・・・・・・・・94
■2 学級内の組織づくりや役割の自覚
【低学年】自分たちに必要な係だと実感させる話合い活動・・・・・・・・・・96
【中学年】不十分さを自覚させてから，・・・・・・・・・・・・・・・・・・・・・98
　　　　　学級会のテーマを提示する
【高学年】「具体的な行動」について検討させる・・・・・・・・・・・・・・・・100
■3 学校における多様な集団の生活の向上
【低学年】異学年交流の場を生かす・・・・・・・・・・・・・・・・・・・・・・・・・102
【中学年】子どもの力で話合いができる工夫を！・・・・・・・・・・・・・・・104
【高学年】全校で取り組む活動をダイナミックに話し合わせる・・・・・106
コラム　国会のヤジと学級会・・・・・・・・・・・・・・・・・・・・・・・・・・・・・・・108

第5章　学級会をさらに円滑にするアイデア

■1 話合いを活性化させるアイデア
自分の考えを発表できない子への支援のアイデア・・・・・・・・・・・・・・・110
話合いが停滞してきた時のアイデア・・・・・・・・・・・・・・・・・・・・・・・・・112
「意見を言う」から「説得する」へ・・・・・・・・・・・・・・・・・・・・・・・114
子どもの意識を高めるアイデア
■2 話合いをスムーズに進行させるアイデア
論点がずれ始めた時に修正するアイデア・・・・・・・・・・・・・・・・・・・・・116

論点をずらさないための「メモ力」を高めるアイデア ············· 118
時間内に話合いを終わらせるようにするアイデア ················ 120

3 話合いにつまずきを見せる子への指導・支援アイデア

思いついた時にすぐ発言する子へのアイデア ····················· 122
仲のよい友達に反論できない雰囲気を打破するアイデア ·········· 124
折り合いをつけられない子を納得させるアイデア ················ 126
コラム　書記長って!? ······································· 128

第6章　いろいろな話合い活動

1 ディベート

ディベートとは？ ··· 130
ディベートの攻防 ··· 132
審判団による判定 ··· 134

2 クラス会議

クラス会議とは？ ··· 136
クラス会議の実践 ··· 138
こんな時どうする？ ··· 140

3 ファシリテーション

ファシリテーションとは？ ··································· 142
ワールド・カフェの手法 ····································· 144
学級会とファシリテーション ································· 146

あとがき

第 **1** 章
学級会の
システムづくり

学級会の目的を語る

何のために学級会をするのか

　ある日，遊び係が，ドッジボールをして遊びたくなったので，突然「今日の昼休みは，全員でドッジボールをします」と宣言しました。

　ところが，昼休みになると，何人か教室内に残っています。理由を聞くと，「けいどろならいいけど，ドッジボールはやりたくない」と言います。

　しばらくすると，何人か戻ってきました。ボールにあたっても，「あたってない！」と言いはって外野に行かない子がいて，おもしろくないそうです。こうして，全員遊びは空中分解してしまいました。遊び係の子は，おもしろくありません。「みんなが係の言うことを聞いてくれません！」と訴えます。

　……あなたなら，どうしますか？　一人一人に注意していきますか？

　その日だけなら，それでよいかもしれません。しかし，教師がいなければ，またもとに戻ります。では，どうしますか？

> 　話合いでみんなの意見を聞いて，全員遊びをいつするのか，何をするのかを決めたらどうだろう？

と，提案してみましょう。話合いで，解決するのです。

　人は，集団で生活しています。様々な集団生活の場には，一人一人，違った考え，違った趣味嗜好の人間がいます。そのような人間同士が一緒に生活するのですから，自分の好き勝手にはできません。それぞれが「○○をやりたい」という願いがあり，それがぶつかってしまうことがあります。

　だから，合意に向けた話合いが必要です。話合いができなければ，ものわ

かれになったり，殴り合いになったり……いずれにしても，集団生活が破綻してしまいます。そうならないように，集団の中でよりよい人間関係を形成し，主体的に問題を解決し，生活の課題をよりよく改善しようとすることが必要です。

　子どもたちにそのやり方を教え，育てていく場が「学級会」です。

「学習指導要領解説　特別活動編」に示されている学級会

　話合い活動は，学級活動の活動形態の１つです。（他は係活動と集会活動）学級活動には，以下の３つの内容があります。

> (1)学級や学校における生活づくりへの参画
> (2)日常の生活や学習への適応と自己の成長及び健康安全
> (3)一人一人のキャリア形成と自己実現

　このうち，(1)の内容にかかわって，

> 　学級や学校の生活の充実と向上に関する諸問題について学級全員で話し合う場

を一般的に「学級会」といいます。（「小学校学習指導要領解説　特別活動編」70ページより。以下「解説」）

　学級会は，子どもたち自身の生活の中から問題を見つけ，司会などの役割分担をしながら，自発的，自治的な活動をめざします。

　(2)や(3)の話合いは，解説では「教師が中心となって行う」ことと示されています。しかし，題材によっては，子どもの自主的な活動を組み合わせて行うことも考えられます。

学級活動の目標

学習指導要領では，学級活動の目標は次のように示されています。

【学級活動の目標】
　学級や学校での生活をよりよくするための課題を見いだし，解決するために話し合い，合意形成し，役割を分担して協力して実践したり，学級での話合いを生かして自己の課題の解決及び将来の生き方を描くために意思決定して実践したりすることに，自主的，実践的に取り組むことを通して，第1の目標に掲げる資質・能力を育成することを目指す。

長い文章ですが，分解すると次のようになります。

まず，「学級や学校での生活をよりよくするための課題を見いだ」します。先述の，昼休みのドッジボールがよい例です。

その課題を「解決するために話し合い，合意形成」します。これが学級会です。合意形成したことについて，次のようにして実践します。

・役割を分担して協力する

・自己の課題の解決及び将来の生き方を描くために意思決定して実践する

以上のことを，「自主的，実践的」に取り組むことを通して，第1の目標（特別活動の目標）に示されている資質・能力を育成することをめざします。

この，

　自主的，実践的に取り組む

ことが重要です。教師がしてあげたり，教師の指示に従って課題を解決したりするのではないのです。

「話合いの文化」をつくる

では，子どもにどのように学級会の目的を話せばよいのでしょうか。
以下は，年度はじめに子どもに学級会の目的を語る一例です。

　学級や学校で生活していると，やりたいことがあるのにうまくいかなかったり，困ったりすることが起こるでしょう。そのせいで，同じ教室の中で，仲が悪くなったらいやだよね。

　そんな時は，みんなで話合いをして解決しましょう。

　やりたいことや困ったことって，どんなことでしょう？　例えば……
（先述のドッジボールの例をあげます）

　「先生が決めればいいじゃないか」と思うかもしれません。でも，みなさんが大人になった時，先生はいません。自分たちで話し合って，解決できるようにしないといけないのです。

　話合いで解決できないと……どうなりますか？
（子ども「けんかになる」）

　そうならないように，話合いで決めましょう。

　そして，決まったことはみんなで守りましょう。そうしないと，自分がやりたいことにも，みんなは協力してくれません。

　大人になった時に話合いで解決することができないと，仕事がうまくいかなかったり，やりたいことができなかったりしてしまいます。

　だから，話合いで解決できるやり方を勉強していきましょう。

　学校は，集団で生活する場です。

　そこでは，様々な社会の疑似体験をすることになります。まさに，社会の縮図です。将来は異年齢や多国籍の集団の中で，今までに経験したことのない課題に向かって協働的にかかわっていくことになります。

　そのために，「学級会」は非常に重要な活動なのです。

学級会のやり方を指導する

学級会は事前・事後の活動が大切

　学級会は，授業時間の45分だけでは機能しません。それ以前の事前の活動や事後の活動が大切です。それぞれ，次のような手順で行います。

①事前の活動
(1)子どもたちが生活の中で何かをしたいと願ったり，問題を感じたりする。
(2)議題ポスト（名称は様々ある）に議題案を入れる。
(3)係（計画委員会・学級会係等，名称は様々ある）が議題案について検討し，議題を決定する。
(4)学級会で話合うことや話合いのめあて，話し合わずに決定事項として伝えることなどを検討し，話合いの柱を決めて原案をつくる。
(5)朝の会などで学級会を行うことを予告し，その議題に関する自分の考えをまとめたり情報を収集したりしておくよう前もって伝えておく。（議題や話合いの柱を書いた紙を掲示しておく）

②話合い活動（学級会）
(1)提案者の提案理由を聞き，話合いの方向性を理解する。
(2)話合い活動を行う。
(3)合意形成し，結論を出す。
※話合いの状況によっては，随時，教師が指導を入れる。

③事後の活動

(1)決まったことを実行し，目標の実現をめざす。

(2)活動の過程や成果をふり返り，評価をする。

学級会の流れを教える

　学級会が，どのような流れなのかを教えます。流れとは，どのような順番で行われるのか，誰がどのように話すのか，といった具体的なことです。

　それには，学級会のマニュアルを見せるのが早いでしょう。司会などのセリフが書いてあるものを用意すれば，わかりやすいです。

　以下，学級会マニュアルの一例です。

―――――――――――― 学級会マニュアル ――――――――――――

※始まる前に，議題や提案理由，話合いの柱などを，黒板書記が黒板に，ノート書記が記録用紙（ノート）に書いておく。

はじめの言葉

司　会：起立。今から第○回学級会を始めます。礼。着席。

計画委員会の紹介

司　会：計画委員会を紹介します。副司会は○○さん，黒板書記は○○さんと○○さん，ノート書記は○○さん，観察係は○○さん，司会は私，○○が行います。よろしくお願いします。

めあてと議題の確認

司　会：今日のめあては「５年２組30人が活躍できる出し物を考えよう」です。みなさん，このめあてに沿って意見を発表してください。議題は「○○小まつりで行う出し物はおばけ屋敷にしよう」です。

提案理由の確認

司　会：提案理由を，提案者の○○さん，お願いします。

提案者：はい。せっかく５年２組で出し物をするのだから，一部の人だけががんばったり目立ったりするのではなく，30人全員が活躍できるよ

うな出し物にして，５年生の思い出にしたいと思ったからです。

司　会：○○さん，ありがとうございます。

決まっていることの確認

司　会：決まっていることを確認します。○○小まつりは11月△日の２校時から４校時までです。場所は，各教室です。学校でもらえる材料は，色画用紙や模造紙などです。他に必要なものがあれば，みんなでそろえることになります。

話合いの柱は，柱１「○○小まつりでやる出し物は何にするか」，柱２「必要な材料は何か」，柱３「準備をどのような計画で行うか」です。

副司会：(司会の説明に補足があればつけたす）準備に使える時間は，２時間です。２時間で準備できる内容を考えてください。もし時間がたりなかったら，昼休みを使うことになります。でも，できるだけ時間内に終わるようにしましょう。

司　会：何か質問はありませんか。（質問がないことを確認して）では，話合いを始めます。

話合い

司　会：それでは，○○小まつりの出し物でやりたいものの意見を出してください。

※ここで，全員から意見を募るか，最初は班（グループ）で意見を出し合うかは，子どもの実態や担任の判断によります。

※複数の意見が出たら，根拠やメリット・デメリットを出し合った上で，実現が難しいものやデメリットが多いものを削り，２〜３個に絞ります。その過程で多数決をとることもあります。しかし，最後の１つに決める時は，できるだけ多数決を避けるようにしましょう。

決まったことの発表

司　会：では，決まったことをノート書記の○○さんに発表してもらいます。

ノート：決まったことを発表します。○○小まつりでは，おばけ屋敷をする
書　記　ことに決まりました。おばけ役は，２グループに分かれて，前半と
　　　　後半で交替します。教室を真っ暗にするので，窓をふさぐ段ボール
　　　　をみんなで持ち寄ります。

ふり返り

司　会：今日の話合いのふり返りを，ノート書記の○○さんにしてもらいま
　　　　す。

ノート：今日の話合いでは，□□さんと◇◇さん，△△さんがたくさん意見
書　記　を発表していました。◆◆さんは，低学年のことも考えて意見を発
　　　　表しました。

先生の話

司　会：次は，先生の話です。先生，お願いします。

教　師：今日の話合いは，たくさん意見が出て，よい話合いになりました。
　　　　司会の○○さんも，司会が上手になりましたね。来週は，おばけ屋
　　　　敷の小道具をつくります。必要な材料をできるだけたくさん持って
　　　　くるようにしてください。

おわりの言葉

司　会：これで，第○回学級会を終わります。気をつけ。礼。

　　　　　　　　　（決まったことは画用紙等に書いて掲示しておく）

　一例として，このように進行していくことを教えます。このマニュアルを
配付してもよいですし，前年度の学級会を録画していれば，それを見せても
よいでしょう。とにかく，子どもたちが学級会の具体的なイメージをもてる
ようにするのです。

※事前・事後の活動については，第２章「２　事前指導のポイント」「４
　事後指導のポイント」を参照。

問題意識をもてる議題を用意する

議題とは

　学級会の話合いが停滞する一因として「子どもが議題に興味をもっていない」ということがあげられます。子どもたちにとって切実感のない，興味をひかれない議題では，真剣に取り組もうとしません。

　また，「議題が集まらない」ということもあります。議題ポストを設置したものの，子どもから議題が集まらなかったり，個人的なもので学級会で取り上げるのに適さなかったりすることもあります。

　そもそも，議題とは何でしょうか。

　議題とは，子どもが共通して取り組むべき課題の中から，

　　児童によって提案されたことについて，教師の適切な指導の下に取り上げる内容

出典：「小学校学習指導要領解説　特別活動編」45ページ

をいいます。

　議題ポストなどで子どもから議題を集めることもありますが，それをすべて学級会の議題として取り上げるわけではありません。

　「教師の適切な指導の下に」とあるように，学級会の議題として不適切なものは教師が取り上げないようにします。計画委員会と教師で議題カードから議題候補を選定する際に，選定するポイントを確認します。

　議題として取り上げるポイントは，次ページに示します。

議題の望ましい条件，望ましくない条件

①望ましい条件

宮川八岐氏は，著書の中で，青木孝頼氏の『学級会の望ましい議題』（明治図書，1977年）であげられていた「望ましい議題の条件」を紹介しています。それが，次の4項目です。

・学級生活に直接結びつく問題であること

・学級の全員に共同の問題であること

・児童の自治的活動の範囲内と認められる問題であること

・児童の発達の段階にふさわしい問題であって，何をどうすればよいかが十分児童に理解できる問題であること

　　　出典：宮川八岐著『やき先生の特別活動講座　学級会で子どもを育てる』

　　　　　　　　　　　　　　　　　　　文溪堂，2012年，65ページ

青木氏が1977年に提唱したものですが，現在でも十分，学級会の議題の要件に合致しています。さらに，「小学校学習指導要領解説　特別活動編」48ページには，議題の要件として，学級や学校生活の充実と向上を図るために，

学級の児童全員が協働して取り組まなければ解決できないもの

をあげています。こちらは「協働」がキーワードです。

それぞれの項目は，具体的には以下のようなことです。

(1)学級生活に直接結びつく問題であること

例えば，「夏休みに家でお手伝いすることを決めよう」などは家庭の問題なので，学級会の議題にはふさわしくありません。実践の場が学校ではないということもあります。学校生活上の問題であり，学校で実践できることを

考えます。

⑵学級の全員に共同の問題であること

　例えば，男子がトイレの使い方が悪いからといって，「男子トイレの使い方を考えよう」という議題は，女子には関係ないことなのでふさわしくありません。「トイレのスリッパや靴箱の靴をそろえよう」であれば，全員に共同の問題になるのでよいでしょう。

⑶児童の自治的活動の範囲内と認められる問題であること

　例えば，「学級の旗をつくろう」ならよいですが，「学校の旗をつくろう」となると一学級に学校の旗をつくる権限はありません。同じく，「図書室の本の貸し出し冊数を増やしてほしい」や「修学旅行の目的地を決めよう」なども子どもの自治的活動の範囲ではありません。学級で決められる権限があるのはどこまでかということを教師は意識しておくようにしましょう。

⑷児童の発達の段階にふさわしい問題であって，何をどうすればよいかが十分児童に理解できる問題であること

　低・中学年に高学年向けの議題や，高学年にさらに高度なことを求めるような議題は避けましょう。また，「学校に太陽光発電を設置しよう」など，実際にどうすればよいのかわからないことも学級会の議題には向きません。

⑸学級の児童全員が協働して取り組まなければ解決できないもの

　学級の数人が動いてことたりるのであれば，わざわざ全員で話し合う必要もないわけです。必ず，学級全員が何かしらの役割や参加ができるようなものにします。

　これらの条件を満たすものを考えていくと，自然に子どもが問題意識をもてる議題にいきつきます。

②望ましくない条件

一方,「小学校学習指導要領解説　特別活動編」49ページには,

> なお,児童の自発的,自治的な活動とするためには,学校として児童に任せることができない条件を明確にして指導することが大切である。

と示されています。

「児童に任せることができない条件」とは,何でしょうか。

それは,次の6つです。

- ・個人情報やプライバシーの問題
- ・相手を傷つけるような結果が予想される問題
- ・教育課程の変更にかかわる問題
- ・校内のきまりや施設・設備の利用の変更などにかかわる問題
- ・金銭の徴収にかかわる問題
- ・健康・安全にかかわる問題

例えば,「○○ちゃんへのいじめをやめよう」という提案があったとします。学級のことであるし,学級全員が考えなければならない問題です。しかし,いじめられている本人は学級会のような場で自分のことを話し合われるのは望まない可能性が高いですし,いじめのような内容を話し合うなら,教師主導で行うべきです。このようなことは,学級会で話し合うことではありません。議題ポストに入っていても学級会の議題として取り上げられないものは,提案者に提案してくれたお礼を言いつつも,その旨を伝えます。なお,若干の修正をすれば議題として取り上げられそうなものは,アドバイスをして修正させるとよいでしょう。

子どもに任せる流れをつくる

子どもたちの自発的，自治的な活動をめざす

　小学校学習指導要領の第6章の第3の2の(1)には，次のように示されています。

---

(1)学級活動，児童会活動及びクラブ活動の指導については，指導内容の
　特質に応じて，教師の適切な指導の下に，児童の自発的，自治的な活
　動が効果的に展開されるようにすること。（後略：筆者）

　学級会は，ここに示されているように，「児童の自発的，自治的な活動」
ができるようにしていくのです。しかし，「教師の適切な指導の下に」とあ
るように，すべて子どもだけで行うのではありません。そこには，大なり小
なり教師のかかわりがあるのです。
　では，教師はどのようにかかわっていくのでしょうか。
　話合い活動（学級会）の「発達の段階に即した指導のめやす」によると，
学級会への教師のかかわりは次のように示されています。

低学年	教師が司会の役割を受け持つことから始め，少しずつ児童がその役割を担うことができるようにしていく。
中学年	教師の適切な指導の下に児童が活動計画を作成し，進行等の役割を輪番で受けもち，より多くの児童が司会等の役割を果たすことができるようにする。
高学年	教師の助言を受けながら，児童自身が活動計画を作成し，話合いの方法などを工夫して効率的，計画的に運営することができるようにする。

出典：「小学校学習指導要領解説　特別活動編」78ページ

このように，低学年では教師が主になって学級会を進めながら，中学年，高学年になるにしたがって，徐々に子どもに学級会を任せていくようにするのです。

柔軟な対応を

では，高学年になればどんな学級でも教師のかかわりは助言程度なのかというと，そうではありません。

前年度，そのような指導がきちんとなされていればスムーズにいきますが，あまり学級会をやっていなかったり，やっていても教師主導の話合いがほとんどだったりした場合は，あらためて，子どもたちが自分で司会進行をすることができるように指導しなければなりません。

「小学校学習指導要領解説　特別活動編」75ページにも，

> ただし，児童の実態に応じた柔軟な対応も必要である。例えば，中学年や高学年にあっても，前学年までに学級会をした経験が少ない場合は，年度当初において教師が中心になって進めることも考えられる。

とあります。教師のかかわり方は子どもの実態に応じて違ってくるのです。

しかし，それまで教師主導での話合いばかりやっていた子どもたちは，「先生が司会をした方が早いんじゃないか？」と思うはずです。そのとおりです。早く話合いを終わらせたいのなら，教師が司会進行をした方が手っ取り早いのです。

しかし，それは，子どもの作文を教師が書いてあげることと同じです。それでは子どもたちの作文力が高まらないように，話合いの力も高まりません。

> 教師がいない状態でも，子どもたちが自分たちで話合いができる力を身につけさせなければならないのです。

そのためには，学級会のやり方とともに，話合いのルールとマナーを子ど
もたちが身につけておく必要があります。

　もちろん，低学年のうちや，年度はじめには教師が主になって進め，ルー
ルとマナーを教えながら徐々に教師の出番を減らしていくのです。

学級会のルール

①必ず挙手をしてから発言する

　好き勝手に発言しては話合いは成り立ちません。必ず挙手をして，司会に

指名されてから発言するというルール
にします。司会は，「賛成（反対）意
見はありませんか」など，今，どんな
発言を求めているのかを示します。違
う内容が発言されたら，「その内容は
次の柱で発言してください」などと，
話合いをコントロールします。複数人
が挙手をした場合は，発言回数が少な
い人を優先させます。

②他の人の発言中には挙手・発言をしない

　子どもたちの中には，早く自分の意見を言いたくて，他の人の発言中に
「はい！　はい！」と挙手をしたり，「いや，だって……」と口を挟んだりす
る子がいます。①とも重なりますが，他の人が発言している時には，挙手を
したり勝手な発言をしたりしないようにします。発言している人を尊重する
ことでもあり，話合いの秩序を保つためでもあります。

③意見には根拠をつける

　自分に都合のよい，わがままな意見を述べるだけでは，周りを説得できま
せん。提案理由に沿った意見であること，みんなのことを考えた意見である

ことを伝えるためにも，「私は，～と思います。なぜなら，……だからです」
のように，根拠をつけて発言するようにします。根拠を述べていなければ，
司会が「なぜ，そう思うのですか」などと，根拠を述べるように促します。

学級会のマナー

①発言はていねいな言葉で

　学級会は「公」の場です。発言は，ていねいな言葉をつかうことを基本と
します。休み時間に友達と話しているのではないので，「えー」「でもさあ」
などのなれなれしい言葉はつかいません。特に，「知らねーよ」「お前，あほ
か」などの，乱暴な言葉や下品な言葉は話合い以前の問題です。学級会だけ
でなく，普段からていねいな言葉づかいをする学級づくりをしておきましょ
う。

②「人」と「論」を区別する

　仲のよい友達に自分の意見を反対されると，まるで自分自身を否定された
かのようにショックを受ける子がいます。反対されたからといって，その後
の日常生活で相手の子を避けたり，悪口を言ったりしていては話合いができ
ません。友達と意見が違ってもよいこと，反対意見を取り入れることでより
よい結論が導き出されることを，事前に話しておきましょう。

③自分の意見に固執しない

　自分の意見に決まらないと気がすまないという子がいます。他の意見にき
ちんとした根拠もなく反対ばかりしていると，話合いが進みません。自分の
主張を貫くという意味ではよいのですが，自己中心的な理由で自分の意見に
固執してはいけないことを話します。

学級会までの流れと原則

計画委員会の1週間

①1週間の流れ

　計画委員会は，学級会の開催までに，いつ，何をすればよいのでしょうか。学校によって，自由になる朝活動の時間や中休みの有無が違うので一概にはいえませんが，下の表は学級会開催までの1週間の流れの一例です。

曜日	時間	仕事内容	担当
金	朝の会	次回の計画委員会メンバーの決定	
	昼休み	役割分担	全員
	帰りの会	役割分担の発表	司会
月	朝活動	議題カードの整理	全員
	昼休み	議題カードの決定 返事カードの記入	全員 書記
	帰りの会	議題の発表	司会
火	昼休み	進行上の打ち合わせ	全員
水	昼休み	掲示資料の作成・準備	全員
木	昼休み	最終打ち合わせ	全員
金	昼休み	机の隊形移動，板書等の準備	全員
	5校時	学級会	
	随時	議題集めの呼びかけ	副司会

　計画委員会だけの活動は，どうしても授業時間では難しいので，朝活動・昼休み・中休みの時間が主になります。

　上の表は学級活動の時間が金曜日の場合です。他の曜日でも，同程度の日数が準備に必要になります。途中の曜日に行事等が入ることもあるので，予定どおりとはいかないこともあるでしょうが，1週間程度は必要です。なお，直前の準備のことを考えると，学級活動の時間は5校時に設定しておくとよいでしょう。

②打ち合わせの内容

　打ち合わせは，スムーズな進行と，計画委員会の子たちの心がまえのためにも欠かせません。計画委員会を輪番でまわすのであれば，慣れていない子もいます。自分が司会をするとなれば，大人でさえ不安になったり緊張したりします。子どもならなおさらです。

　例えば，次のような時にどうするかを打ち合わせておきます。

・意見が出なかったら，どうするか
・意見がたくさん出たら，どうするか
・議題から話がズレかけたら，どうするか

　いざとなれば教師が助けること，しかしできるだけ自分たちでやってみることなどを話しておきます。また，書記や観察係などにも，この時に役割の内容などを指導しておきましょう。（第2章の「1　計画委員会の指導のポイント」参照）

③負担感への対応

　子どもたちは，計画委員会になると大変だというイメージをもってしまいがちです。たしかに大変ですが，学期に1〜2回程度しかまわってこないし，大切な役目です。できるだけ負担感を軽減できるようにするのも大切です。例えば，昼休みや中休みが使えない場合は，掃除時間に打ち合わせを行ったり，活動計画を家で書いてくる場合は宿題を減らしたりするような配慮を行うとよいでしょう。

学級会にも通ずる会議原則

　政治家の議会には，いくつかの原則があります。Wikipediaで「会議原則」を調べると，たくさんの原則があげてあります。もちろん，政治家の議会と小学生の学級会を同じ土俵で語ることはできませんが，その原則の中には学級会にも通ずるものがあります。中にはあげるまでもなく当然だと思われるものもありますが，意外に，このような原則を知らずに学級会を強行し

てしまうことがあります。以下，学級会にも適用できる原則をあげておきます。

①議長の会議指導の原則

会の進行にあたり，

> 議長（司会）は冷静かつ厳正公平でなければならないとする原則

です。自分はＡ案に賛成だからといってＢ案の賛成意見を取り上げなかったり，片方の意見だけうんうんとうなずきながら聞いたりと，偏った態度をとってはいけないということです。なお，これはそばで傾聴している教師にもいえることです。

②定足数の原則

> 会議の開催には一定数以上の出席を必要とする原則

です。会議によっては「３分の２以上」などの定数がありますが，学級会でそのような数値を決める必要はないでしょう。とはいえ，インフルエンザ等で欠席が多い場合には，学級会を延期するようにします。学級の人数にもよりますが，５人も不在者がいれば延期した方がよいでしょう。

③一事件一議題の原則

> 会議において案件は一件ずつ取り上げるという原則

です。複数の案件を同時に扱うと混乱してしまいます。期間が短かったり議題ポストにたくさん議題が入っていたりしても，同じ学級会で複数の議案を

取り上げないようにします。

④可とする方を諮る原則

会議の表決においては，

> 議題について可（賛成）とするかを諮らねばならないとする原則

です。例えば，反対者を先に挙手させて少数だった場合，賛成多数となるか
といえばそうとはかぎりません。なぜなら，反対に挙手しない人の中には賛
成の人だけでなく，迷っていたり決断できなかったりする人もいるからです。
そのため，表決時には可（賛成）を先に諮ることがふさわしいと考えられて
います。

⑤議長の表決件不行使の原則

> 議長は中立を守らなければならないとする原則

です。つまり，議長（司会）は表決（多数決）に加わる権利がありません。
ただし，子どもが行う学級会の場合には，最初は多数決に加わらないものの，
同数だった場合には議長（司会）の投票を認めることもあるでしょう。なお，
現状維持の原則というものもあり，可否同数となった場合の議長決裁は現状
維持（つまり否決）的に行使されるべきとする考えもあります。

（辻川　和彦）

道徳と学級活動の違い

　2018年度に小学校で教科化された「特別の教科　道徳」では，「考え，議論する道徳」がキーワードとして出されました。議論というくらいですから，道徳科でも「話合い」をすることがある，ということです。では，学級会で道徳的な議題を話し合った場合，その時間は学級活動なのでしょうか，道徳なのでしょうか。光村図書のホームページ「ここが知りたいＱ＆Ａ」で，富岡栄氏（麗澤大学大学院准教授）は，次のように述べています。

　道徳科の最終的なねらいは道徳性の育成です。（中略：筆者）

　特別活動は，自主的，実践的な態度を育て，自己を生かす能力を養うことを目指しています。

　つまり，道徳は教師がねらいに沿った話合いのテーマを設定します。しかし，学級会は子どもが身の回りから自発的に課題を見つけて議題を設定するという点が違います。また，富岡氏は，次のようにも述べています。

　道徳科は，一人一人に着目して道徳性の育成を目指す「個の視点」であり，学活は，集団決議をして，その決められたことに則って行動する「集団の視点」であることも異なる点でしょう。

　道徳では結論は子どもによって違うことが認められ，押しつけられることはありませんが，学級会では集団決議をして，決まったことには従って行動します。このように，同じように見えても実はまったく違う話合い活動なのです。

第 **2** 章

学級会の
指導のポイント

計画委員会の役割分担

計画委員会の意義と仕事を伝える

　計画委員会とは，学級会に必要な活動計画を作成し，運営していく組織です。司会，黒板書記，ノート書記等で組織されます。一般的には，司会と書記を司会グループあるいは議長団，それに提案者や教師が入ったものを計画委員会と呼ぶことが多いようです。

①計画委員会の仕事

　計画委員会の仕事は，学級会の司会進行が主だと思いがちですが，それまでの準備や計画もたくさんあり，一連の流れで捉えることが大切です。大きく分けると，次の2つといえます。

> (1)議題を選定し，提案理由を明確にする

　議題を選ぶ時に，なぜその議題を選んだのか，根拠があるはずです。それが提案理由につながります。

　その議題が学級の子どもたちにとって，こんな意義があるんだということを学級の全員が認識しなければなりません。

　単に「お楽しみ会がしたい」というだけでは，わざわざ1時間話し合って実践する意味が伝わりません。

　そこには，「もっと学級全体で仲よくなりたい」とか「みんなが協力できるクラスになりたい」といった学級の課題や願いがあるはずです。それをはっきりさせ，みんなが同じ思いで話合いに臨めるようにするのです。

> (2)話合いの流れをつくる

　話合いの計画を立てるため，話し合う事柄を決めます。すべてのことを話し合うわけにはいきませんから，提案理由や時間配分を考慮しながら選びます。そして，計画に移ります。（第2章の「2　事前指導のポイント」参照）

②役割分担

　計画委員会の子どもたちには，様々な役割があります。学級会当日だけのことではありません。

【学級会までの主な役割】

○議題の収集・整理・選定

○議題の説明・発表

○活動計画の作成

○学級会の予告・広報

【学級会での役割分担】

○司会（議長）　　　：主に進行や採決等を行う

○副司会（副議長）：主に司会のサポートや指名，議事以外の進行等を行う

○黒板書記　　　　：出された意見や決定事項を黒板に表示する

○ノート書記　　　：議事の流れの記録と決定事項の発表をする

○提案者　　　　　：提案理由を説明する

○計時係　　　　　：計画された時間配分をもとに，司会と連携しながら進める

　小規模校のように学級の人数が少なかったり，学級会の経験が不足していたりする等，学校の実態に合わせて，人数や役割の内容を変更する必要があります。

（岸本　勝義）

計画委員会の交替システム

計画委員会の仕事は，すべての子どもたちに経験させる

　どの子どもにも司会や書記の仕事を経験させることが大切です。全員が話合いを進める側の立場を経験することにより，司会以外の子どもたちが進め方について考えたり，発言したりするようになり，全員で前向きな話合いをするようになります。

　そのためにも，計画委員会は，

輪番制

で行います。

　誰でも計画委員会を運営できるようになることをめざして，それぞれの役割を工夫します。

①計画委員会のメンバーの決め方

　計画委員会のメンバーはどのように決めるのがよいでしょうか。いくつか決め方を紹介します。

・生活するグループを計画委員会とする

・出席番号順に人数で区切って，計画委員会とする

・希望者から行っていく

　どの方法を選ぶかは，教師の意図にかかっています。とにかく計画委員会の経験を全員に積ませたい場合は出席番号順などランダムにすることもあるでしょうし，経験値が低く自信のない子どもが多い場合はやってみたい人を

募集して，やってみようという雰囲気をつくることもあるでしょう。

　大切なことは，

　特定の子どもたちばかりが計画委員会をしないようにする

ということです。

　輪番制で計画委員会を経験することによって，子どもたちのスキルや意欲が向上するだけでなく，司会や書記の仕事への関心が高い子どもはよりよい方法を工夫するでしょうし，苦手な子どもには，みんなでフォローすることを学ぶ機会となります。

②輪番制をひと工夫する

　そうはいっても，計画委員会の仕事は多岐にわたったり，とっさの判断や対応をしなければならない時もあったり，思ったようにいかないこともよくあります。そこで，次のような工夫も考えられます。

(1)スライド式輪番制にする

　今回の計画委員会のメンバー（Ａさん：司会，Ｂさん：副司会，Ｃさん：黒板書記，Ｄさん：ノート書記）は，通常次の議題の時には４人とも交替します。次の計画委員会までは，今回の経験を生かせないことになります。

　そこで，４人のうち，何人かが次の計画委員会に残るという方法です。例えば，Ｂさん：司会，Ｃさん：副司会，Ｄさん：黒板書記，Ｅさん：ノート書記のような形です。もちろん，クラスの人数が多いと全員にまわらないことがあるので，スライドする人数を変更して行う必要があります。

(2)計画委員会のメンバーでのグループ活動を行う

　グループ学習を行う時に，計画委員会のグループを活用します。グループ内での協力場面が生まれたり，コミュニケーションが密になったりするだけでなく，発表や記録などの担当を分担すれば，全員の前で活動する経験にもつながります。

（岸本　勝義）

学級会の進行マニュアル

学級会の進行マニュアルをもとに運営する

　学級会の全体像を理解するために，進行マニュアルを使って，話合いの大きな流れをつかんでおくことが大切です。もちろん，話し合う中で，このとおりには流れない場合やマニュアルにできないところもあります。それを意識して活用しましょう。

　マニュアルは，高学年の例です。各学校で工夫してみてください。

　大切なのは，このマニュアルを進化させていくことです。子どもたちの成長に合わせて，必要な言葉が変わってきます。

　固定されたものとして捉えないことがポイントです。

【■■小　学級会進行マニュアル（高学年）】

はじめの言葉	○これから，第●回学級会を始めます。
司会グループの紹介	○司会の（　　　）です。 　副司会の（　　　）です。 　黒板書記の（　　　）と（　　　）です。 　ノート書記の（　　　）です。 　よろしくお願いします。
議題の確認	○今日の議題は，[　　　　　]です。
提案理由の説明	○提案理由を（　　　）さんに説明してもらいます。
決まっていることの確認	○決まっていることを確認します。 　（決まっていることを読む）
話合いのめあて	○今日の話合いのめあては，[　　　　　]です。 　みんなで意見を出し合って，協力して話し合いましょう。
先生の話	○先生のお話です。先生お願いします。
話合い	○では，話合いに入ります。

【出し合う】	○話し合うこと❶の［　　　　　　］から話し合います。 　意見を発表してください。 　その時に，理由も一緒に発表してください。
【比べ合う】	○意見を比べ合います。 　出ている意見について質問はありませんか。
【まとめる】	○賛成・反対の意見を出してください。 　〈例〉 　出ない時：グループで●分相談してください。 　たくさん出た時：出ている意見をまとめると……になりそう 　　　　　　　　　ですが，どうですか。 　それた時：今は……について話し合っているので，そのこと 　　　　　　は～のところで発表してください。 ○意見をまとめます。 ○［　　　　　　］という意見に決めてもよいですか。 　まとまらない場合：どのようにして決めたらよいですか。
【出し合う】	○次に話し合うこと❷の［　　　　　　］について話し合います。 　意見を発表してください。 　その時に，理由も一緒に発表してください。
【比べ合う】	○意見を比べ合います。 　出ている意見について質問はありませんか。
【まとめる】	○賛成・反対の意見を出してください。 　〈例〉 　出ない時：グループで●分相談してください。 　たくさん出た時：出ている意見をまとめると……になりそう 　　　　　　　　　ですが，どうですか。 　それた時：今は……について話し合っているので，そのこと 　　　　　　は～のところで発表してください。 ○意見をまとめます。 ○［　　　　　　］という意見に決めてもよいですか。 　まとまらない場合：どのようにして決めたらよいですか。
決まったことの 発表	○今日の話合いで決まったことをノート書記の（　　　）さん 　に発表してもらいます。 ○今日決まったことは，［　　　　　　］です。
ふり返りをする	○ふり返りを書きましょう。時間は●分までです。
先生の話	○先生のお話です。先生お願いします。
おわりの言葉	○これで，第●回学級会を終わります。

（岸本　勝義）

司会への指導のポイント

司会の仕事は，意見を引き出し，つなぐこと

　子どもたちに「司会の仕事をやってみたいですか」と聞くと，やりたいという子どもとやりたくないという子どもに大きく分かれる傾向があります。やりたい子は前に出てどんどん進めたいと思う一方，苦手な子はどう話してよいかわからないのかもしれません。このように個人差が大きい司会の仕事を経験させるには，教師のかかわりが大切になります。

①司会の仕事を意識する

　司会の仕事は，決められた流れに従って，スムーズに進行することだけではありません。それでは形だけの話合いになってしまいます。

　司会の仕事のポイントは，次の3つです。

(1)たくさんの人から多様な意見を引き出す

　話すことが得意な特定の子どもたちばかりが話すのではなく，できるだけたくさんの意見を引き出すことが大切です。全体で話せなくても，グループ等を活用して，全員の意見を把握しておきます。

(2)出てきた意見を分類・整理・要約する

　提案理由をもとに，根拠となる事柄が同じであるものや内容が似ているものなどを全員にはかりながら，整理していくことです。何が話合いの焦点なのかを明確にすることです。

(3)話合いをまとめ，合意形成の機会をつくる

　意見を比べ合った後，内容を決定することです。みんなが納得できるように公平に進めることが大切です。

②司会の指導のポイント

⑴教師が手本を示す

　経験の少ない子どもたちは，どうやって進めたらよいかわかりません。そこで，教師が司会となって進め，手本を示します。特に，１年生はモデルが必要です。そのうち，指名だけ子どもに任せるなど，少しずつ子どもに役割をもたせていきます。

⑵計画委員会で，話合いの流れをシミュレーションする

　学級会の前に，計画委員会で分担した役割をもとに，シミュレーションしてみると，実際に困ることや意見が割れるところ等，新しく気がつくことがあります。

　教師は，ここでは積極的にかかわります。教師から多様な意見を出して，計画委員会（司会グループ）に考える機会を与えることもできます。

　ここで，どのような助言をするかがカギとなります。それは指導の意図と大きく関係します。まとめ方が課題なら，分類の方法や比べる方法をいくつか教師が例示し，子どもに選択させ，実際にやってみるといった指導になるでしょう。特に自信のない子どもたちが司会をする場合は，具体的なイメージがわくように支援し，ていねいに教えて励ましていくことが大切です。

⑶できたことやがんばったことを称賛する

　一連の活動が終わったら，計画委員会の子どもたちと簡単なミーティングをします。教師は，一人一人に計画段階からのできたことやがんばったことを伝えます。そのことが次への意欲につながります。子どもの方から，「次回はこんなことをがんばる」といった言葉が出れば，次の目標にすることができます。また，学級会の終わりの「先生の話」のところでも，計画委員会（司会グループ）の会の進行や運営についてよかったところを必ず取り上げるようにします。

（岸本　勝義）

参考文献：杉田洋著『自分を鍛え，集団を創る！　特別活動の教育技術』小学館，
　　　　　2013年

黒板書記への指導のポイント

黒板書記の仕事は，話合いの流れを構造化すること

　話合いがうまく進まない原因として，多様な意見が分類・整理できていなかったり，焦点がずれていたり，話合いの全体像が見えなくなったりしている場合があります。

　それを防ぐためにも，板書の構造化は重要です。黒板書記は，司会と連携しながら，黒板に話合いの流れをつくっていきます。

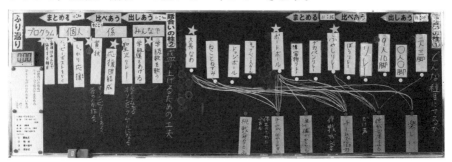

①話合いを可視化する

　上の板書のように，話合いの流れがわかるようにつくっていきます。どの意見に賛成や反対が多いかを色分けしてわかりやすくします。また，決定した意見については，星印などをつけ，他の意見と区別します。決まらなかった意見もそのまま残しておき，検討した貴重な意見であることを示しておきます。

②時間の流れを意識させる

　黒板の上部には，出しあう→比べあう→まとめるという札があります。そして，その間には，話合いにかける大まかな時刻が記入されています。

　また，今話し合っているところを「今ここ！」というカードで示しています。

　このような工夫をすることで，自分たちで時間を意識できるようになり，計画的に話合いを進めることができます。

③短冊の活用で，操作しやすくする

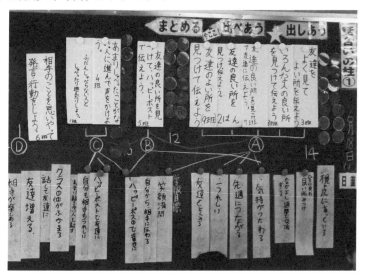

　短冊に意見を書いておくと，話合いの様子によって移動させることができるので，黒板での操作がしやすくなります。たくさん意見が出た場合，短冊を使って，同様の意見を分類・整理することもできます。

　また，理由も記入し，することと根拠を線で結ぶなどして，提案理由と関連づけやすくすることもできます。構造化した板書は，音声のやりとりが苦手な子どもたちにとっては大きな支援となります。　　　　　（岸本　勝義）

写真資料：岡山県倉敷市立庄小学校　橋本久美教諭の指導による板書

ノート書記・計時・計画委員会全体への指導のポイント

ノート書記は，次の計画委員会の参考になるようにまとめる

　ノート書記の大きな仕事は，話合いの終わりに「決まったことを発表する」ことです。話合いで決まったことをわかりやすく，簡潔に全員に伝えます。

　最初は，黒板書記がまとめたものを書いていくことから始めますが，経験を積む中で，同じものをまとめてみたり，必要なことだけを選択したり，結論が出るまでの道筋がわかるように指導していきます。

　また，ノートの記録は，次の計画委員会が話合いの準備をするための資料になります。そのためにも，教師の助言をメモしておいたり，未解決の問題や話合いの課題等も記入しておいたりすれば，学級全体の話合いのレベルアップにもつながります。

計時は，時間をはかるだけでなく，司会と連携する

　多くの場合，計時の仕事は副司会が行っています。話合いにかける時間を意識しながら進めます。時間内に終わるように，司会とよく相談しながら行います。

　場合によっては，話合いが盛り上がってしまい，予定時間を上回ることもあるでしょう。その場合は，司会グループで相談することになりますが，原則は時間どおりにまとめていきます。

時間の確保とスムーズな流れを求めすぎないことがカギ

①計画委員会の時間の確保

　計画委員会でじっくり進め方を相談したいのですが，一番の課題は時間の確保です。朝の学習の時間を活用したり，休み時間を使ったり，給食の後の時間を利用したり，いろいろな工夫をしているようですが，十分な計画委員会ができていないという現状があります。

　そのため，短時間でも効果的な打ち合わせをする必要があります。計画委員会で予定を立て，計画的に準備をします。リハーサルはできるだけ長めに時間をとった方がよいでしょう。少ししか時間がとれない場合は，たりないところは当日の学級会の中で助言しながら進めていくこともあります。

②スムーズな流れを求めすぎない

　教師も含め，計画委員会としては，できるだけもめることなく，学級会をスムーズに進めていきたいと思っています。そのため，話合いがきちんと流れることを優先してしまいます。

　すると，打ち合わせの時に過度に指導してしまい，十分に話合いが深まらないうちに決まってしまうこともあります。

　教師は，まず今回の計画委員会の子どもたちに何を学ばせたいのかを明確にします。例えば，分類・整理する力を身につけさせたいなら，その場面を中心に打ち合わせをします。

　そして，子どもたちに任せるところは思いきって任せてもよいでしょう。

　話合い活動が停滞する原因は，形式的になることです。形はきれいに整っていますが，子どもたちの本気度がたりないのです。計画委員会の子どもたちをいかにやる気にさせるかが，教師の腕の見せどころです。

（岸本　勝義）

問題の発見①
子どもから問題を集める

発達段階によって教師のかかわり方を変える

①学年最初の学級会オリエンテーション

　各学年のはじめも，クラスの実態に応じて，教師が学級会のやり方を指導していくことが大切です。最初から子どもに任せて難しい議題にならないように，教師が話しやすく取り組みやすい問題を見つけ，議題として設定するとよいでしょう。

②低学年

　低学年は，自分自身の問題に気づくことが難しい時期です。さらにクラスのことになればなおさらです。みんなでどれがよいか選んで理由を発表できるように，話しやすい問題を教師が投げかけます。そして，子どもたちに自分たちで問題を決めさせます。お楽しみ会であれば，教師がいくつか実施可能なものを提示します。子どもに選択させて，その理由を伝え合うような話合いにすれば活発な話合いができるでしょう。そして，慣れてきたら少しずつ自分たちで問題を見つけさせます。

③中学年・高学年

　中学年から高学年は，議題ポストなどをつくり，子どもたちから学級会の議題を集めることができます。低学年で話し合った経験をもとに，自分たちで問題点を見つけて話合いを進めていきます。

　中学年から高学年の場合も，クラスの実態に合わせて，教師主体から子ども主体へと少しずつ変更していくとよいでしょう。

子どもから議題を収集する

①議題ポストをつくる

　議題ポストと問題点を書き込む用紙をクラスに準備しておき，思いついた
時に学級会で話し合いたい問題点を書いて入れても
らいます。議題ポストに問題点や話し合いたいこと
を入れる時のルールは事前に決めておきます。何曜
日に誰がチェックするかも決めておきます。議題ポ
ストに入っていた問題点は，計画委員会が集約し，
議題として学級会で提案します。

4年3組
議題ポスト

②付箋で問題を集める

　一斉に小さな付箋を渡して，「解決したいこと」
「クラスがさらによくなるために取り組みたいこと」
「みんなでしたいこと」「つくりたいもの」などを書
かせます。これなら意見はあるけれど，自分から議
題ポストに投稿しない子からも問題点を引き出すこ
とができます。

○○　太郎

転入生と
仲よくなる
会をしたい

③班で考える

　まずは，班の中で問題点をたくさん出します。この時は，意見の検討はせ
ず，できるだけたくさんいろいろな問題点を出し合
います。その中からクラス全体で話し合いたいもの
を選びます。なぜそれを選んだのか理由を班の中で
きちんと考えてクラス全体に発表します。

　これなら自分で問題を考えることが難しい子も友
達の意見を聞きながら自分の意見をもつことができ
ます。

（吉田　翔）

問題の発見②
教師から課題を提案する

低学年に具体的な方法で提案する

　低学年では，幼稚園や保育園で学んだ基本的な生活習慣をもとに，あいさ
つや持ち物の整理整頓，言葉づかいなどの基本的な課題を設定し，計画的に
指導することが大切です。また，低学年では，具体的な場面やイメージをも
たせて考えさせることが大切です。決まったことは，絵や図を使って掲示し，
常に確認させると効果的でしょう。

①「目と心で話を聞こう」

　具体的にどうすればよいかを絵や写真で提示します。そして，それをでき
るようにするためには「いつ」「どこ」ですればよいか，具体的な「時」「場
所」などを課題として考えさせます。

相手の顔を見る	うなずきながら	最後まで聞く

②「忘れ物をなくそう」

　まず，教師は，「困ったな。今日も赤鉛筆忘れちゃ
った。まるつけどうしよう」「今日は，赤白帽がない
ぞ。鬼ごっこに参加できないな。どうしよう」など，
忘れ物をした演技をし，子どもたちに課題を投げかけ
ます。次に，子どもたちが「先生ダメだな」などと反応し始めたところで，
勉強道具がないとなぜ困るのかを言わせたり，教師からきちんと物をそろえ

ることの大切さを説明したりします。そして,「どうすれば忘れ物をしない
かみんなで考えてみよう」と話合いの課題を提示します。

中学年に自分のこととして考えさせる

中学年では,みんなが楽しく勉強したり,生活したりするためには,どう
したらよいかということを考えさせることが大切です。

① 「気持ちのよい言葉をつかおう」

「言葉づかいでいやな思いをしていないか」,いやな思いをしている場合は,
「どんな言葉がいやか」アンケートをとります。集計して
「○人の人がいやなことを言われてつらい気持ちになってい
ます」など具体的な人数をクラスに提示することで,自分た
ちの課題として捉えることができます。

4年3組で いやな言葉を 言われている人
18人

高学年に取り組みの意図を伝える

高学年では,話合いや活動の趣旨説明が大切です。教師から提案する課題
の必要性や取り組みの意義について説明します。そして,その取り組みが個
人や学級の成長につながるというゴールイメージをもたせることが大切です。

① 「靴のかかとをそろえよう」

写真などを見せてそろえることだけに目を向けさせるのではなく,「靴を
そろえることで,細かいことに気づけるようになる」「落ち着いて生活でき
るようになる」「気づかいができるようになる」「学校全体が落ち着いて気持

ちよく生活できる」など,教師がなぜ大切かを語ること
が大切です。その先の成長を期待させることが子どもた
ちの意欲的な取り組みにつながります。そして,「靴の
かかとを毎日きちんとそろえるためには,どうしたらい
いかな」と話合いの課題を提示します。

（吉田　翔）

議題の決定

方法と視点を明確に示す

　子どもたちは，議題決定の方法や視点をもつことで「これは適切な議題かそうでないか」を自分たちで判断して決定していくことができます。これが子どもたちの自治的な活動への意欲を高めていきます。

　また，議題決定の判断基準がはっきりと示されることで，自分の案が議題として選ばれなかった子も，不満をもつことがなくなります。今回選ばれなくても次回みんなに考えてもらえる。または，別の機会に考えることができると納得することができます。

議題選定の視点

①望ましい議題の視点
・すぐに話合いが必要なもの（優先順位）
・クラスのみんなの問題であり，解決や改善ができるもの（必要性）
・クラスのみんなで創意工夫して協力できるもの（創造性）

②望ましくない議題の視点
・お金にかかわること
・相手を傷つけるようなこと
・自分たちだけでは変更できないこと

議題の候補を決める

議題を1枚の紙に書き出し，一覧にすることで，比較しやすくします。

【今回の議題候補　●月】

	すぐに必要	みんなの問題	みんなで工夫	取り組む順番	いつするか
問題1	◎	◎	◎	1	学級会
問題2	○	△	△	3	先生に相談
問題3	△	◎	◎	2	帰りの会

議題の候補を伝え，決定する

　計画委員が議題選定の視点に沿って，学級会の議題として適切なものを選び，その理由を朝の会や帰りの会でクラス全体に報告します。そして，全体の了承を得て学級会の議題を最終決定します。もし，異論が出た場合は，もう一度計画委員で話し合い，再度提案します。

議題にならなかった意見の取り扱いを大切にする

①議題として望ましくない場合

　「この議題は，○○という理由で扱いません」「この議題は，○○という理由で先生に相談した方がいいと思います」と扱わない理由を伝えます。

　教師に相談があった場合は，教師はどのように解決するか，学校全体にかかわることなどですぐに解決が不可能な場合は，子どもたちにその理由を説明します。

②学級会で取り扱わないが解決をめざす場合

　学級会以外の朝の会や帰りの会，係活動，委員会などのどこに任せるか，いつ取り扱うかを説明します。

（吉田　翔）

活動計画の作成

活動計画の内容と留意点

　最初は，教師が子どもたちと一緒に活動計画を立てていきます。右のような7つの項目を書き込むことのできる活動計画のワークシートをつくっておけば，自分たちで計画を立てることができます。

```
        活動計画書
    月  日   メンバー (      )
1  議題
┌─────────────────────────┐
└─────────────────────────┘
2  役割
┌─司会 (       ) 書記 (       )─┐
3  提案理由   提案者
┌─────────────────────────┐
└─────────────────────────┘
4  めあて
┌─────────────────────────┐
└─────────────────────────┘
5  決まっていること
┌─────────────────────────┐
└─────────────────────────┘
6  話合いの順序
┌①……………────────────────┐
│②……………────────────────│
7  準備物
┌─────────────────────────┐
└─────────────────────────┘
```

①議題

　決まった議題を話合いの当日までにどのようにクラス全員に知らせるかを考えます。「ポスターをつくって掲示する」「朝の会や帰りの会で知らせる」などの工夫が考えられます。

②計画委員会の役割分担

　司会，ノート書記，黒板書記を誰がするか決めます。担任は，子どもの役割を記録しておき，次の計画委員会では，違う役割を担うようにさせます。そうすることで，子どもたちがそれぞれの立場の難しさに気づき，司会や提案者などいろいろな経験をすることができます。

③提案理由

　「なぜ活動するのか」「なぜ話し合うのか」を明確にして話合いの目的を確

認します。

④話合いのめあて

学級の実態に合っためあてを決めます。

【話合いの仕方の場合（初期の段階）】

「全員発表しよう」「友達と意見を比べて聴いたり，話したりしよう」

【提案理由を焦点化し，明確にする場合（内容や質を高める段階）】

「転入生のA君も楽しめる内容やルールにしよう」

⑤決まっていること

日時や場所，内容など決まっていることを確認します。

⑥話合いの順序

4月の段階から話合いの順序ややり方を書いた「学級会のプログラム」をラミネートするかクリアファイルに入れて準備しておきます。最初は，これを見ながら話合いを進めます。

学級会のプログラム

❶これから学級会を始めます。話合いのめあては、（〜）です。みんなでしっかりと話し合いましょう。

❷今日は、（〜）という議題について話し合います。

❸提案理由を説明してもらいます。〜さんお願いします。

❹今の提案について質問がある人は、手を上げてください。

提案者の人は、答えてください。（3分間、考える時間をとります。）

❺次に意見を聞きます。意見のある人は、手を上げてください。

他に意見はありませんか。（手が上がらないとき）今は、〜ということについて話しています。

❻「〜」という意見が多く出ました。今日のめあては、（〜）に決まっていいですか。「〜」は、（〜）に決まりました。

❼話合いのふり返りをします。今日のめあてが達成できた人は手を上げましょう。「〜」については、次の話合いで考えましょう。これで今日の話合いを終わります。

❽先生のお話です。

❾これで学級会を終わります。

⑦準備・準備物

黒板の掲示物を準備して，どのように使うかを確認しておきます。議題や決まっていることなどを短冊に書いて準備しておきます。　　　　（吉田　翔）

議題への関心を高める

事前にお知らせする

①学級会の計画を掲示する

　教室に次の学級会の日程と議題を掲示しておきます。すると，子どもたちはそれまでにどのようなことをしようか，どのようなことを話そうかと考える時間をもつことができ，関心が高まります。

　この掲示は，教師が文章で書くだけでなく，次の学級会の計画委員が簡単なポスターなどをつくってお知らせすればさらに関心が高まります。

②アンケートをとる

　お楽しみ会でしたいことなどを決める場合は，何がしたいかアンケートをつくって内容を考えておくこともできます。

　計画委員がアンケートをつくることで，計画委員の子どもが話合いの内容を理解し，見通しとやる気をもつようになります。

　また，それ以外の子どももお楽しみ会でしたいことやその理由を事前に考えておくことで，学級会の議題への関心が高まります。

```
お楽しみ会アンケート
　　名前（　　　　　　）

◆お楽しみ会で何をしたいか
　□□□の中に書いてくださ
　い
┌─────────────┐
│             │
└─────────────┘
◆理由を書いてください
┌─────────────┐
│             │
└─────────────┘
```

議題について隙間の時間で考える

①班などで簡単に話をする

　給食の時間に，班で食べるようにしておき，次の議題についてどう思うか全体に投げかけると，班でフランクに話をすることができます。

　きっちりとした話合いの形ではなく，4人程度の少人数なので，子どもたちの素直な気持ちが出やすく，子どもが事前に自分の考えを整理する時間となり，議題への関心が高まります。

②過去の事例を紹介する

　お楽しみ会の場合は，教師が以前に経験してよかったお楽しみ会の話やうまくいった話合いの事例を紹介してイメージをもたせることで，学級会の話合いで自分たちにどのようなことができそうか，考えることができます。

③問題を投げかける

　学級をよくするための話合いの場合は，「今，〜はうまくいっているかな」「解決するためのよいアイデアが出てくるかな」など教師が子どもに問いかけます。そうすると，子どもが今の状況について考え始め，「みんなで話し合い解決策を見つけ出そう」と議題への関心を高めることができます。

④連絡帳などにメモしておく

　毎日見る連絡帳などに次の予定を書いておくと，議題への意識づけになります。保護者が連絡帳をチェックしている場合には，家庭でも話をして考えるきっかけとなります。

（吉田　翔）

提案理由の設定

提案理由のつくり方を示す

　次の３つの柱に沿って提案理由を考えます。最初は，わかりやすいように教師が提案理由のつくり方を説明しながら実際に話してみるとよいでしょう。ここでは，お楽しみ会を例に考えてみます。

①現状・課題・問題点（今どうか）

　「クラス替えから１か月が経ち，クラスのみんなと少しずつ仲よくなってきました。しかし，班の違う人たちなど，まだクラスの全員とは仲よくなれていません」

②具体的な取り組み（何をするか）

　「そこで，お楽しみ会をすることでクラスのみんなとさらに仲よくなれたらいいなと思います」

③理想・取り組み後の状態
　（こうなりたい）

　「このお楽しみ会をきっかけにクラスのいろいろな人とかかわり，楽しく話したり遊んだりすることが増え，さらに仲のよいクラスになったらいいなと思い提案しました」

提案理由ワークシート
提案者名（　　　　）

１　今のクラスの様子・問題

２　取り組みたいこと

３　どうなってほしいか

肯定的な言葉で考える

「～をしないようにしよう」と言われるとどうしたらよいのか困ってしまう子がいます。取り組みに対しても否定的な感じを受けます。

そこで，禁止言葉ではなく，どう改善すればよいか具体的にわかるように前向きな言葉をつかいます。そうすると子どもたちも取り組みのイメージがわきやすくなります。前向きな活動として捉えることができるので，意欲的に取り組むことができます。

【例】

×「給食を残さないようにしよう」（禁止）
○「給食をみんなで協力して全部食べきろう」（前向き）

×「掃除時間中は，遊ばないようにしよう」（禁止）
○「掃除時間中は，チャイムが鳴るまで汚れを見つけて学校中をピカピカにみがこう」（前向き）

×「文句を言う人が出ないようにルールを考えよう」（禁止）
○「全員が楽しめるようにルールを考えよう」（前向き）

このように前向きな言葉をつかって提案理由を考えていくことが大切です。そうすることで，「ダメなことをやめる」のではなく，「クラスをよくしていこう」「よいところを伸ばそう」「みんなで楽しもう」といった前向きな学級の取り組みを積み重ねていくことができます。それが子どもたちのやる気にもつながっていきます。

（吉田　翔）

机の配置

学級会の机の配置

①基本型

普段どおりの机の配置です。前方に司会，副司会，ノート書記，観察係の席を設ける以外は，机を動かす手間がはぶけます。ただし，後方で発言する人がいる時には，後ろを振り向かなければなりません。

ノート 書記	司会	副司会	観察係

②コの字型

向かい合って座る配置です。学級会では，この配置が多いです。発言者がどこにいても，無理なく見渡すことができます。

ノート 書記	司会	副司会	観察係

③グループ型

　少人数で話し合う配置です。全体では意見を出せない子も少人数なら言えるので，多くの意見を取り上げたい時や話合いが停滞した時などに使えます。子どもの実態や学級の人数によってグループの人数を変えることができますが，少なくて３人，多くても６人程度でしょう。

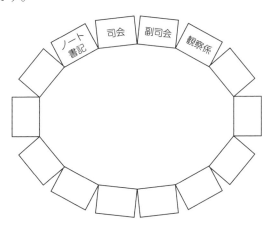

④円型

　基本型やコの字型よりも，アットホームな感じで話合いをすることができます。しかし，途中でグループ型にするなどの臨機応変な配置変更がしにくいことが欠点です。

提案理由を意識させる

提案理由とは

　学級会では，子どもたちが困っていることややりたいことを話し合います。その議題には，「提案理由」があります。

　提案理由とは，

> その提案が，なぜ学級全員で話し合う価値があるのか，という理由

を文章で説明したものです。

　話し合う価値（理由）がなければ，わざわざ授業時間を使って全員で話し合う必要はないわけです。ですから，提案理由は学級会の要であり，大変重要なものなのです。

議題カードに提案理由を書かせる

　議題カードには，提案理由を書く欄を設けます。しかし，子どもたちは，指導しなければ提案理由を書くことができません。

　例えば，学期末にお楽しみ会をしたい場合の提案理由に「みんなで遊ぶと楽しいから」などといったことが書かれていることがあります。

　低学年なら，それでもよいでしょう（低学年の場合は，議題や提案理由は教師から投げかけます）。しかし，高学年になれば，学年や子どもの実態に応じて，

> 　子どもたちには，「楽しい」「おもしろい」より，もう一段階上の「価

値」を考えさせましょう。

　例えば，「学期末にお楽しみ会をしよう」という議題であれば，「みんなで役割分担をして楽しむことで，学級のみんなが協力するようになり，もっと仲よくなってほしいから」などといったことです。

　ただし，提案理由のハードルを上げすぎると，議題カードを出す子がいなくなります。議題カードの提案理由は，本人なりに書けていればよしとします。そして，どの議題カードを学級会で取り上げるか検討する時に，提案理由が弱いものは計画委員会に修正案を考えさせて，提案者に相談します。

　なお，過去の学級会の議題と提案理由を掲示しておくと，議題カードを書く子が参考にすることができます。

提案理由を意識させた学級会にする

①学級会の冒頭で必ず確認する

　学級会を始める時には，司会が議題などを述べます。その時に，必ず提案理由を述べるようにします。2回繰り返したり，学級全員で声をそろえて唱えたりするなどの工夫をするのもよいでしょう。

②提案理由を意識して司会をする

　司会は，出された意見をすべて取り上げるのではなく，それが提案理由に沿った内容かどうかを判断します。提案理由に沿っていなければ「それは提案理由に沿っていないので，もう一度考えてください」などと言って差し戻します。慣れない子が司会をする時には，教師が司会に合図を送りましょう。

　そして，最終決定をする時にも，提案理由に沿ったものであるかどうかをもう一度確認した上で，合意を図るようにします。

教師の位置と指導・支援

「自発的，自治的な活動」と「教師の適切な指導」

学級会は，子どもの「自発的，自治的な活動」をめざします。

「自発」とは「自ら進んで行うこと」，「自治」とは「自分で自分のことを処置すること。社会生活を自主的に営むこと」です。（『広辞苑第六版』より）

しかし，「自発」ではなく「自発的」，「自治」ではなく「自治的」なのです。「的」がついているのは，なぜでしょうか？　それは，子どもたち自身によって行われているように見えても，あくまでも教師の適切な指導の下での活動だからです。

「小学校学習指導要領解説　特別活動編」152ページにも，次のように示されています。

> なお，児童の自発的，自治的な活動に関して指導するに当たっては，「教師の適切な指導の下に」であることを正しく理解し，放任に陥ったり，一方的な指導になったりすることがないように配慮する必要がある。

では，子どもたちが「自発的，自治的な活動」になるような「教師の適切な指導」とは，どのようなものなのでしょうか。

成熟度に応じた教師の位置

学級会の時間，教師はどこにいればよいのでしょうか。学級会の成熟度と，子どもの実態によって，教師の位置は変わります。

下の表は，学級会の成熟度による教師の位置の目安です。学級会の成熟度とは，学級会がどの程度，教師のかかわりを必要としているか，自分たちで進めることができるか，というものです。

学級会の成熟度	教師の位置
低学年・学級会に慣れていない状態	司会の隣，すぐに助言できる位置
中学年・学級会にやや慣れた状態	司会から離れた席
高学年・学級会に慣れた状態	教室後方や子どもの席

　学級会の成熟度とは，司会の成熟度でもあります。司会進行がうまくできないと学級会が進みません。だから，低学年や学級会に慣れていない場合は，司会のすぐそばにいて，助言をします。計画委員会の子たちが慣れてくれば，徐々に離れていくようにします。

　もちろん，これは目安です。気になる子や支援を要する子がいれば，その子の近くにも行くようにします。

教師の指導・支援

①計画委員会への指導・支援

　司会には，話合いが停滞した時や進行の仕方について，小さな声で指示をしたり，あらかじめつくっておいた指示カードを渡したりします。また，黒板書記の板書の仕方が遅かったり，出された意見からずれた内容を書いたりしていたら，随時指導します。

②気になる子への指導・支援

　自分の考えはあるのに，挙手して発言することができない子がいます。そのような子には，そばにいて挙手や発言を促します。また，乱暴な言葉づかいの子には，そばにいて，言葉づかいが少し悪くなりだしたら，目配せをしたり肩にそっと手を置いたりして気づかせます。

板書の指導

黒板に書くこと

音声言語による話合いは，それだけだと残らないので，どんな意見が出たのか，何を話し合っているのかわからなくなります。そうならないように，黒板書記による板書で話合いを「見える化」することが大切です。

①事前に準備しておくもの

黒板書記は，学級会前の休み時間に，次のことを黒板に書いておきます。

> 回数・議題・めあて・提案理由・話合いの柱・学級会の流れ　など

これらすべてを，学級会前の休み時間に書こうとすると時間がたりません。前もって，短冊や画用紙等に書いておき，直前の休み時間にそれらを貼るようにすると，短時間で準備ができます。

②学級会の時間に書くこと

学級会の時間には，次のことを書きます。

> 参加者の意見や質問・挙手した人数・決定事項

話合いの流れによって，複数の意見を線で結んだり，統合した案を書いたりします。目立たせるところは色チョークで書きます。

板書がスムーズにできるようにするために

①板書の準備物

前ページの準備物とは別に，次のものを用意しておきます。

・チョーク　・黒板消し　・画用紙を短冊型に切ったもの　・磁石
・椅子または台（背が低い子が黒板の上方に書くことができるように）

意見は黒板に書いてもよいですが，短冊画用紙に書いて貼ると移動させる時も簡単にできます。それを貼る磁石を多めに用意しておきましょう。

②板書を意識した進行をする

黒板書記がまだ書き終わっていないのに，司会がどんどん指名して意見を発表させる話合いを見ることがあります。黒板書記が発表者の発言を思い出しながら書いている時は，司会が発表者に「もう一度言ってください」と言ったり，まだ書き終わっていなければ次の発表者への指名を待ったりするなど，板書を意識した進行をさせましょう。

③グッズの活用

決まった項目（「議題」「めあて」など）は，
貼付用の短冊や画用紙などに書いたものを準備
しておくと，すぐに貼ったりはがしたりできる
ので便利です。

また，100円ショップで売っているミニホワ
イトボードもおすすめです。班（グループ）で
考えた意見をミニホワイトボードに書けば，発表の時に黒板に貼るだけですみます。挙手による人数を把握するには，名札カードでもよいですが，単に人数の多少がわかればよいのなら，円型磁石でもよいでしょう。

合意形成の仕方

折り合いをつける

　学級会では，最終的に1つの結論を出すことをめざしますが，それは勝ち負けではありません。「自分にとって都合のよい意見」を求めるのではなく，提案理由に沿った「自分にとっても相手にとってもよい意見」をつくり上げるために話し合うのです。そのためには，

折り合いをつける

ことが大切になります。これには自分の案をあきらめて妥協するのではなく，自分と相手の意見をあわせて新しい意見をつくり出すことも含まれます。

　もちろん，どちらの希望もかなうケースばかりではありません。しかし，できるだけ多くの子の気持ちを汲んだ結論になるように努力していくのです。

　多数の案が出ている場合，意見を整理していきます。以下のような方法があります。

意見を整理して合意形成へ

①メリット・デメリット法

　それぞれの案のメリット・デメリットを出し合います。案が少ない場合に向いています。ただし，そのメリットやデメリットは，提案理由に沿ったものを考えなければなりません。

②ペイオフマトリクス

たくさんの案が出た場合は，2 × 2のマトリクスで分類します。例えば，実行しやすいものと準備等が大変で難しいもの，効果（楽しい・役に立つ）が大きいものと小さいものなどです。実行しにくく，効果が小さいものをふるい落とすことができます。（高学年向きです）

	実行しやすい	実行は難しい
効果大		
効果小		

③多数決

多数決は，一見，民主的に思われますが，少数を切り捨ててしまう側面もあります。最後の1つを決める場合には，多数決はなじみません。複数の意見を2〜3つに絞る場合などに使いましょう。その際，「1人1票」ではなく，多重投票法（1人が複数票をもつ）もあります。

④案の加工・統合

案が絞られたら，それらの案について，賛成意見や反対意見を募ります。その過程で，一部を変えればよい意見になるもの，複数の似た意見を1つに統合できるものなどを検討します。少数意見だからと切り捨てるのではなく，できるだけ残すように配慮しましょう。

⑤最終合意を図る

賛成意見が多く，反論も出ないような場合には，司会が「これに決めてよいと思う人は拍手をしてください」「賛成多数なので，これに決めます」と進めます。（拍手をしない場合もあります）

決め手が出ず，意見の統合もそれ以上できないような場合は，多数決で決めざるを得ません。しかし，「じゃあ，最初から多数決にすればよい」という思考にならないように，十分に議論を尽くした上で行うようにしましょう。

先生の話

「話す」前に「見る」

　学級会の最後には「先生の話」があります。学級会の講評を述べるわけです。「話す」ためには，その前に学級会をよく「見る」必要があります。では，どこを見るのでしょうか？　例えば，下のようなポイントを見るとよいでしょう。

【参加者の子どもを見るポイント】
・提案理由に沿った具体的，建設的な意見が出されているか
・話合い活動に参加していない子がいないか
・人権を侵害する発言がないか
・前回，課題のあった子に変容があるか

【計画委員会の子どもを見るポイント】
・話合いが停滞・紛糾した時に司会がどう対応したか
・黒板書記が発言の要点を押さえた板書をしているか
・観察係がきちんと観察しているか
※学級会の時間だけでなく，準備の段階から見ておきます

　これらのポイントを，必要に応じてメモをとりながら観察しましょう。
　なお，人権を侵害する発言があったり司会の進行を妨げる言動があったりした時には，見ている場合ではありません。その場ですぐに教師が動いてやめさせましょう。

「先生の話」で話すポイント

①よかったところ

　まず，話合い活動のよかったところを話します。自己中心的ではなく提案理由に沿った発言をしたり，自分の意見に固執せずに折り合いをつけたりした子どもがいれば，積極的にほめましょう。また，前回課題のあった子が変容した場合には，それを見逃さずにきちんと評価します。

②課題・反省点

　うまくいかなかったところや前回からの課題が改善されていないところを述べます。しかし，少しでも変容するきざしが見えた場合には「うまくいかなかったけれど……のところはよくなりましたね」などと取り上げて評価します。しかるのではなく次回の学級会に向けて励ますようにしましょう。

③計画委員会への評価

　事前に準備を進めたり，学級会を運営したりした計画委員会を評価します。中には，初めての司会で不慣れな子もいます。学級の子どもたちが知らない，計画委員会のがんばりや苦労もあるでしょう。そのようなことにもふれながら，計画委員会に労いの言葉をかけましょう。

④次回の実践・学級会への意欲づけ

　今回の反省を踏まえて，次回の学級会でがんばってほしいことや気をつけることなどを伝えます。また，学級会で決まったことの実践に向けて，子どもたちが意欲的に取り組めるように話します。

　以上が「先生の話」のポイントですが，あまり長い話になってはいけません。要点を押さえて，３分以内で話し終えるようにしましょう。

（辻川　和彦）

決めたことの実践

よいことも悪いことも「子どもたちの財産」へ

　学級会で決めたことを実践する上で大切なことは,「子どもたちに任せるという姿勢を教師が貫けるか」ということです。

①子どもたちに任せて,教師は見守る

　次のような場面で,みなさんはどんな対応をされますか？

> 　「学級遊びのルール」を議題とした学級会が行われ,「学級遊びの日は, 他に自分のしたい遊びがあっても学級遊びを優先しよう」と話し合いました。
> 　その日の学級遊びは,昼休みに「鬼ごっこ」をすることに決まりました。
> 　あなたは,給食当番と一緒に給食を配膳室まで片づけに行き,靴を履き替え運動場に向かいました。クラスの子どもたちが行っている「鬼ごっこ」に参加するためです。
> 　しかし,運動場のどこにも子どもたちが「鬼ごっこ」をしている様子はありません。
> 　クラスの子どもたちを探すと,数人の男子は他のクラスの子どもたちと「サッカー」をし,数人の女子は「一輪車」をしていることに気づきました。
> 　そんなあなたのところへ学級会をリードしてきた議長団の子どもたちが困った顔でやってきました。

　ここで大切なのは,「自分のしたいことを優先してしまった」子どもたちに対し,周りの子どもたちが「どうかかわろうとするか」を見守ることです。教師が動いてしまうと,「先生に任せておけばいいや」と,子どもたちは教師に任せてしまいます。子どもたちに任せ,見守ることで,子どもたちは自分で動きだそうとするのです。もちろん,子どもたちだけでは解決できない

時もありますが，まずは，「子どもたちはどう対処するかな？」と見守って
みましょう。

②時には一歩引いて全体を「眺める」

　学級会を通して決定したことに取り組んでいく際に，教師であるあなたは
どこにいるでしょうか？

　あなたも子どもたちと一緒に参加することもあるかもしれません。子ども
たちと同じ目線で見て，感じることはとても大切なことです。しかし，子ど
もたちの中に入りすぎると逆に見えなくなってくることがあります。「クラ
ス全体の動きについていくことができない子」「実は困り感を抱いている子」
が必ずいます。子どもたちの「中」に入りすぎてしまうと，その子たちが抱
えている思いに気づくことができなくなってしまうのです。

　また，そうした「全体についていけない子」に気づいて「声をかけようと
する子」もいます。「全体がうまく進むように配慮している子」もいます。
そうした子たちの存在に一歩引いて全体を「眺める」ことで気づきやすくな
ります。気づくことで，称賛したり，個別に声かけしやすくなったりします。

　子どもたちと一緒に取り組むことはもちろん大切にしたいことです。しか
し，時には一歩引いて全体を眺めてみましょう。近すぎると見えなかったこ
とが見えてくるはずです。そして，その時に見えてきたことこそ，学級会や
クラスを次のレベルへと成長させてくれる「種」なのです。

③教師の心がまえ

　実践すれば，「うまくいったこと」と「うまくいかなかったこと」が出て
きます。子どもたちのやることですから，教師は「課題は出てきて当たり
前」というかまえでいることが大切です。「うまくいったこと」は継続すれ
ばよいし，「うまくいかなかったこと」は次への修正課題となります。「どち
らも子どもたちにとっては，貴重な財産なのだ」という心がまえを教師がも
っておきましょう。

（池嶋　知明）

ふり返り

　学級会で決まったことを実践すると，大きく分けて「うまくいったこと」と「うまくいかなかったこと」が出てきます。前項の「決めたことの実践」でも述べましたが，どちらも子どもたちにとっては「財産」です。その「財産」を全員で共有するために，「ふり返り」の時間は非常に大切です。自分の言葉で「語らせ」「次の活動イメージ」をもてるようにしましょう。

自分の言葉で「語らせる」

①書くことで「語らせる」

　子どもたちにいきなり「自分の思いを語りましょう」と指示しても，なかなか自分の思いを表現することは難しいです。そこでまずは「書く」ことで，実践の時に感じた思いを整理していくようにしましょう。

②少人数で「語らせる」

　書いたことをもとに以下のような方法で交流していきます。

・班で交流する
・「うまくいった」と思うことを○人の人と交流する
・「うまくいかなかった」と思うことを○人の人と交流する

　全体だと話しづらいことも少人数であれば話しやすくなります。また，全体での意見交流だと1人が話して，次の人へという流れで全体の意見の把握に時間がかかってしまいます。多くの人と素早く意見を交流することで，他者と自分の考えを比較したり，新たな視点を得たりすることができ，考えを深めることができます。

理由を分析し，「次の活動イメージ」をもたせる

①「うまくいった」理由を考える

　実践したことが「うまくいった」のには理由があります。その理由をきちんと整理し，全体で共有することで，「次も続けよう」という意識を子どもたちにもたせることができます。「うまくいった」ことほどていねいに分析し，なぜうまくいったのかを整理しておきましょう。

②「うまくいかなかった」理由を考え，どうすればうまくいくのかを探る

　実践すると「うまくいかなかった」ことが必ず出てきます。しかし，そこにはクラスが成長する「種」が隠されていると考え，前向きに捉えることが大切です。その時に大切なのは，「自分にできたことは何か？」という視点を子どもたち全員にもたせることです。「あの時，自分にはこうすることができたのではないか……」と考えることで，「うまくいかなかった」ことに対して，自分がどうかかわるべきだったのか，次に同じようなことがあったらどうしようかと，主体的に考えられるようになります。

③①・②で考えたことを掲示し，「見える化」する

　「見える化」することで，次の実践を行う時に気をつけたいことがそこに表れてきます。「前に実践した時には，○○したからうまくいったという考えや，△△すればもっとうまくいったという考えが出ていました。今回の実践はそれを踏まえて行いましょう」と「次の活動イメージ」をもちやすくなります。また，そうすることで，実践と実践がつながったものになります。実践後のふり返りを掲示し続けていけば，そこに子どもたちの成長も表れてきます。その掲示を「月に1回」「学期に1回」「年に1回」とふり返っていくことで，子どもたちも自分たちの成長を実感できるのではないでしょうか。

（池嶋　知明）

次の課題発見へ

自分たちで課題や問題を見つけ，解決するために

　学級会の理想形は，子どもたち全員が「自分たちで課題や問題を発見でき，自分たちで解決したい」と思えることです。

　教師から「今日は○○について考えましょう」と議題を提示したり，ある一部の子から出た議題を取り上げて議論したりすることは，年度当初や中間期にはもちろん必要です。

　しかし，３月になってもその形式が続いているようでは，「学級」は成長したとはいえません。「自分たちで課題や問題を発見でき，自分たちで解決したい」と子どもたちが思えるようになるにはどうすればよいのでしょうか。

①「自分たちで課題や問題を解決した経験」を積み重ねる

　クラスの課題や問題を「自分たちで解決した経験」を積み重ねることが次の課題や問題への活動意欲につながっていきます。教師から見れば，「もっとこうすればうまくいくのに」とか，「ああすれば，すぐに解決できそうなのに」ということも，子どもたちにその解決を任せてみましょう。子どもたち自身で「ああでもない」「こうでもない」「あ！　こうすればうまくいくかも」と考え，話し合い，実践し，ふり返る経験こそが「自分たちで課題や問題を解決した経験」へとつながります。考えてもみてください。私たちはどのようにして自転車に乗れるようになりましたか？　「ハンドルの握り方はこう」「ペダルの踏み方はこう」「ペダルをこぐスピードは……」と事細かに教わってきたでしょうか。最初こそ教わったものの，次第に親の手を離れ，何度も転んでは立ち上がりを繰り返し，自分でバランスをとる方法を身につ

け，少しずつ乗れる距離を伸ばし，自転車に乗れるようになっていったはず
です。学級会においても同様です。基本を教わったら，ひたすら自分たちで
やってみる。時にはけんかし，傷つくこともあるけれど，それもまた経験と
して蓄積し，自分たちで折り合いのつけ方を学び，全員が納得する解決方法
を少しずつ増やしていくのです。自分たちで失敗しながら身につけたことは
なかなか忘れません。その証拠に自転車に何年も乗っていなくても，いざサ
ドルをまたいでペダルをこぎだせば，あの日の感覚を取り戻し，あなたは自
転車に乗れることでしょう。学級会で培った議論の仕方，合意形成の仕方な
どは，きっと大人になっても生きているはずです。

②普段から「今の自分たちを見つめる時間」をとる

「自分たちで課題を解決した経験」を積み重ねることで，教師の手を借り
ることなく課題を解決していける子どもたちに少しずつ育っていきます。し
かし，そのためには「自分自身を見つめる目」を子どもたちに育てていく必
要があります。そのための手立ての例に以下のようなものがあります。

> ・学級目標に対して今の自分をふり返る
> ・今日クラスで起きたトラブルに自分はどうかかわったのかを考える
> ・1か月での自分自身の変化を考える

このようなテーマで自分自身を見つめ言語化する時間をとってみましょう。
その際，「書かせる」ことが大切です。5mm方眼ノートを半分に切ったも
のを用意し，それに書かせます。時間は5分程度で十分です。書くことで自
分の思いや考えを残すことができます。また，自分が書いたことを比較する
ことで，自分自身の成長にも気づくことができるようになります。様々なテ
ーマで自分自身を見つめ，考えを書いてみる時間を積み重ねることで，「自
分自身を見つめる目」を少しずつ育てていくことができます。

（池嶋　知明）

発言するのは教師でさえ尻込みする!?

　みなさんは，研究授業や研究発表会の後に行われる研究協議の司会をした経験がありますか？　経験があるという方に聞きますが，あなたが司会をした研究協議では，活発に発言が続いたでしょうか？　それとも，「何か意見はありませんか？　どの視点からでもよいので……」と言っても，シーンとしたまま時が過ぎていくという状況だったでしょうか？

　意見が出ない研究協議の司会ほど，いやなことはありません。ぶすっとした顔で腕組みをしている参加者ばかりだと，本当に司会がしづらいものです。だから，司会に慣れた教師は，あらかじめ「今日の協議会，最初に発言してくれない？」と"サクラ"を依頼することも慣例化しています。

　ところが，最近の校内研修や小規模の研究発表会では，ファシリテーションの手法を使った研究協議が行われるようになってきました。少人数グループになり，自由に出し合った意見やアイデアを模造紙に書き，最後にグループごとに発表……というスタイルです。

　そのような協議会が多くなったのは，なぜでしょうか。それは，全員が協議会に参加できるようにするということもありますが，そうでもしないと発言がない（しようとしない）教師が多いということも理由の1つでしょう。教師でさえ，自分の考えを発言することに尻込みするのです。子どもはなおさらです。そのような子どもが多いのなら，学級会にファシリテーションの手法を取り入れることも1つの方法でしょう。

　学級会にファシリテーションの手法を取り入れることに反対する意見もありますが，「学級会はこうあるべきだ」という固定観念に縛られたり「考えがあるなら，発言しなさい」と発言を要求したりするだけでなく，意見を出しやすい手法を取り入れていくことも必要なのではないでしょうか。

第3章

学年別
学級会の
指導のポイント

絵本や写真を活用し, 話し合う
テーマについての問題意識を高める

学級目標を生かして学級会を始める

　学級会をするにあたり, 「何のために学級会をするのか」という学級会の目的を子どもたちと共有しておくことが大切です。目的もなくみんなで話しているのでは, ただの雑談になってしまいます。低学年の子たちなりに学級会の目的を理解できるよう, 私は"学級目標"を活用しました。例えば, 私が1年生を担任していた時, 「にこにこえがお」という学級目標だったので, 学級会の名前を「にこにこかいぎ」にしました。そして, 学級会を始める前に「にこにこかいぎ」とだけ板書し, 「今から何をするんだろうね?」と問いかけながら子どもたちの期待感を高めます。その後「にこにこかいぎ」の目的を伝えるために, 「1年1組がより笑顔の多いクラスになるように, みんなで話し合っていろいろなことを決めていくのが『にこにこかいぎ』です」と話してから, 学級会を始めました。学級目標を達成する・またはレベルアップさせるために学級会をするんだ, という目的を共有しておくことで, 学級目標をふり返りながら学級会を進めることができます。

絵本を活用してテーマを設定する

　絵本の中には, 実際に子どもたちにも起こりそうな出来事を取り扱う話やこんな活動を学級にも広めたいと思う内容を取り扱う話があります。例えば, 『ごいっしょにどうぞ』(くすのきしげのり・作／武田美穂・絵, 廣済堂あかつき)という絵本があります。2人の子が同時に同じ絵本を読みたくなり, どちらも譲

らず取り合いになっている姿を見た先生が,「ごいっしょにどうぞ」という言葉で2人の心を変えるというお話です。学級でも同じことが起きた時(または起こる前)に,この絵本の途中までを学級会の最初に読み聞かせます。「こんな出来事が実はこのクラスでも起きました。みんなだったらどうするかな」と言って,学級会を始めます。絵本を用いることで,みんなで解決する問題場面を想像しやすくなり,出来事を客観的に見て解決策を考えることができます。また,話し合うテーマをそのまま伝えるよりも,絵本を活用することで子どもの興味・関心を高めながらテーマについての問題場面を全体で共有しやすくなります。

写真で問題意識を高める

「このテーマで話し合いたい」「このテーマで話し合うことが必要だ」と子どもたちが思うためには,話し合うテーマに対しての問題意識を高める工夫が必要です。その際に,低学年の子どもたちでもテーマについてイメージしやすいように,テーマに関する写真を集めておき,提示します。例えば,学習発表会や6年生を送る会などの学校行事があり,クラスで発表する内容や出し物を決めたい時には,昨年度までの写真を見せて,どんな行事なのか,自分たちにはどんな発表・出し物ができそうなのかをイメージさせます。特に1年生はどの行事も初めてなので,言葉で説明するよりも写真があった方が確実にイメージしやすいのです。そして,学級目標と関連させて「自分たちもにこにこ笑顔,見ている人もにこにこ笑顔になる発表会をつくろう」と,話し合うテーマを設定します。また,学級会で取り上げたいと思う場面があった時には写真を撮っておくと,絵本と同様に子どもの興味・関心を高めながら,テーマについての問題場面を全体で共有しやすくなります。

教師が筋道を立てておく

低学年の学級会は,教師があらかじめ筋道を立てておきます。どのような順番で話し合えば解決策や新たな案が出やすくなるかを考えておくと,子ど

もがスムーズに思考できるようになります。では，どのような筋道を立てて学級会を行ったのか，実際に1年生で行った学級会を例として，以下に示します。

①写真を使って子どもの問題意識を高める

　学級会を始める前に，給食の準備をしている場面の写真を提示しました。すると子どもたちは「あ！　給食だ！」「あそこに自分が写っている！」などと反応します。そして子どもたちに「実は，給食を準備している時に“にこにこ”ではなく“困っている”人がクラスにいるのです」と言って，「どんなことに困っている人がいるのかな」と子どもたちに予想させました。すると，「自分のお仕事をしてくれない人がいる」「おしゃべりしている人がいる」などと子どもたちなりの問題点を出してくれます。そこで，「困っている人0人！　給食の準備をレベルアップさせよう」という学級会のテーマを提示しました。

②“どうしてダメなの？”を考えさせる

　テーマを提示した後，子どもたちから出た問題点の中から「おしゃべりしている人がいる」という問題に焦点化して，おしゃべりしている人がいることがどうして問題なのかを考えさせました。そのために，「どうして給食の準備中におしゃべりしてはいけないのかな？　おしゃべりしながら準備した方が楽しいんじゃない？」と子どもたちに問いました。すると，「おしゃべりしていると，自分の仕事が止まってしまう」「準備が遅くなって食べるのが遅くなってしまう」「給食につばが入ってしまう」といった意見が出ました。まずは話し合う問題点について，“どうしてダメなのか”という問題意識を全体で共有します。

③“どうしてそうなっちゃうの？”を考える

　次に，「でも，おしゃべりしたくなっちゃうのはどうしてなんだろうね」

と子どもたちに問いました。すると，「おしゃべりがどんどん楽しくなっちゃうから」「わかっていても楽しくてしゃべっちゃう」「１人がやると全員がやるから」といった意見が出ました。子どもたちの意見に寄り添いながら，ダメだとわかっていてもやってしまう原因（気持ち）を考えさせます。

④"どうしたらいいの？"を考える

　子どもたちから「わかっていてもしゃべっちゃう」といった意見が出てきたので，「そうだよね。おしゃべりしたくなっちゃうよね。どうしたら静かに準備できるようになるのかな？」と問いかけました。まずは近くの人や同じグループの人同士で集まって案を出し合う時間をつくりました。その後，近くの人やグループの人と話した内容を全体で共有しました。すると，「しゃべらないように気をつける」「放課後やあいている時間におしゃべりする」「しゃべりかけられた人も注意する」「トントンシーで伝える」といった意見が出ました。「トントンシー」とは，相手の肩をトントンとたたき，シーというジェスチャーで伝える方法です。「静かにして，と１人が言うとみんなが言う」という大きな声の連鎖を止めたかったのでしょう。意見が出尽くしたら，「今日から自分はこれをがんばるぞ！というものを１つ決めて，ふり返りカードに書きましょう」と指示を出し，ふり返りカードを書かせたところで授業を終えました。

　筋道の立て方は１つではありません。どんな筋道を立てておくと子どもの思考がスムーズになるかを考え，筋道を立ててあげましょう。(平井　百合絵)

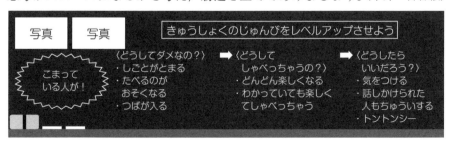

子どもたちが中心になって運営できる学級会をめざす

計画委員会の役割や学級会の進め方などの型を教える

「小学校学習指導要領解説 特別活動編」の71ページには，学級会における司会や記録などの役割について，以下のように記載されています。

学級会における司会や記録などの役割については，低学年においては教師が中心になって行い，中学年に向けて徐々に計画委員会を組織し，高学年までには教師の指導の下，児童が自主的，実践的に運営できるようにする必要がある。

この文面から，中学年の学級会指導では，「子どもたちが中心になって学級会を運営できるようにする」ということが大切であることがわかります。

そのために，2ステップで指導を行います。

まず，子どもたちに計画委員会の役割，学級会の進め方などの型を教えます。次に，小さな学級会を頻繁に開いて，型を覚えさせるのです。

全員が司会や記録などの役割を経験できるように，計画委員会は輪番制にします。

国語科「話す・聞く」の単元とコラボさせる

特別活動には教科書や指導書がないので，学級会の流れや進め方をどのように指導したらよいのだろうと悩んでいる人もいるのではないでしょうか。

実は，身近なところに，その問題を解決するヒントがあるのです。

それは，国語科「話す・聞く」の単元です。

右の言葉は，国語科の教科書（すべて光村図書）から抜粋した「話す・聞く」の単元名です。

> ・「みんなできめよう」（２年生）
> ・「つたえよう，楽しい学校生活」（３年生）
> ・「よりよい話し合いをしよう」（４年生）
> ・「明日をつくるわたしたち」（５年生）
> ・「学級討論会をしよう」（６年）

２年生以上は，「話す・聞く」の単元を１年間で４つ以上学習します。そのうちの１つは，話合いに関する内容です。

３年生の「つたえよう，楽しい学校生活」では，司会の進め方，話合いに参加する時の注意点を学習します。

４年生の「よりよい話し合いをしよう」では，司会グループ（司会・書記・計時係）の役割，話合いの進行計画の立て方，進行の仕方，参加者から意見が出るようにする工夫，議題に沿って話合いを進める工夫，意見のまとめ方を学習します。

教師中心の運営から子ども中心の運営へ移行することが求められている中学年の学級会の指導にぴったりです。

国語科「話す・聞く」の話合いに関する指導と学級会の指導との関連性に気づいていれば，計画委員会の役割や学級会の進め方は，特別活動の時間ではなく国語科の時間で指導することができるのです。

中学年の学級会の運営と流れ

国語科「話す・聞く」の話合いに関する学習内容（４年生）を取り入れた，学級会の運営と流れを以下に示します。３年生の子どもたちに活用する場合は，計画委員会（司会グループ）の役割を簡素化したり，教師の介入を多くにしたりして進めるとよいでしょう。

まず，学級会を運営する計画委員会（司会グループ）を決定します。計画委員会は，輪番制にして計画委員会担当表を作成しておくとよいでしょう。計画委員会の構成は，司会２名，書記２名，計時係１名です。

計画委員会のメンバーは，前もって話合いの進行計画を立てておきます。

進行計画表には，議題，司会の流れや注意事項，時間配分を記入します。進行計画表は，できあがったら教師に提出します。教師は進行計画表を確認し，当日，子どもたちが自信をもって学級会を進めることができるように助言をしたり励ましたりします。

　時間配分を計時係，司会の流れや注意事項を司会が記入するように役割を決めておくと，短い時間で進行計画表を作成することができます。

　よりよい学級会に向けて，司会者と参加者には以下のことを意識させます。

【司会者】
・参加者から意見が出るように，参加者がノートに書く時間を確保する
・学級会の途中で意見を整理したり，話題をたしかめたりする
・学級会の最後に，決まったことをたしかめる

【参加者】
・自分の立場（「賛成」「反対」）を明らかにし，理由とともに意見を言う
・それまでに出た意見との関係を言う
・自分と異なる意見を受け入れる
・自分もよく，みんなもよいものになることを考えて，意見を選ぶ
・自分の考えと異なる意見に決まっても，気持ちよく協力しようとすること

　中学年の学級会は，教師中心の運営から子ども中心の運営になるので，学級会の運営や流れを教えることに力を入れてしまいがちです。学級会で大切なことは，学級や学校をよりよくするために，子どもたちがみんなと協力して問題を解決したい，何かをつくり上げたいという気持ちで話合いをすることです。教師は，子どもが話合いをしたくなる議題を提案し，学級会をすることが子どもたちの目的にならないように努めましょう。

子どもたち全員に計画委員会を経験させる

　子どもたちが中心になって学級会を運営できるようにするためには，全員に運営の方法を理解させ，全員に運営を経験させることです。

　学級会の進め方を初めて学習する授業に少し工夫を加えると，それが可能になります。

　その工夫とは，「学級会の運営と流れを全体で確認した後，学級を4・5人ずつのグループに分け，すべてのグループに進行計画表をつくらせること」です。

　「どこかのグループに計画委員会として学級会を進めてもらいます。グループの仲間や参加者が困らないように，協力して進行計画表を作成しましょう」と声をかけると，子どもたちは，もしかしたら自分のグループが計画委員会になるかもしれないという期待や不安で，積極的に仲間と協力して進行計画表を作成します。

　学級会を終えた後，すべてのグループの進行計画表を並べて黒板に提示し，それぞれの進行計画表から学べることを発見させます。その発見と学級会で気づいたことを生かして，自分のグループの進行計画表を修正させます。すると，進行計画表の内容がおどろくほどよくなります。

　全員に計画委員会の役割を経験させてから学級会を行うと，全員が計画委員会の大変さを味わっているので，子どもたちは計画委員会が困らないように学級会に参加しようとします。全員に学級会を運営できる力を育てるだけでなく，学級会に参加する態度も養うことができるのです。

（猪飼　博子）

子どもたちだけで運営できる「学級会システム」

「学級会システム」で「やり方」を教え，自信をもたせる

　高学年ならば，より子どもたち中心の学級会をめざしたいものです。しかし，「自分たちでやってごらん」と丸投げしても，子どもたちにはなかなかできません。なぜなら，初めは何をどう提案すればよいかもわからないし，何をどう話し合えばよいかもわからない場合がほとんどだからです。

　そうした子どもの姿を変える実践を紹介します。それが「学級会システム」です。「学級会システム」は子どもたちに学級会の「やり方」を示します。「やり方」がわかれば，子どもたちは安心感をもちます。継続して取り組めば子どもたちは自信をもつようになります。自信をもった子どもたちはより主体的に自分たちで学級会を運営しようと動きだします。

①「学級会システム」その１　学級会委員を組織する

　「学級会システム」は学級会委員を組織することから始めます。次ページのようなカードを配付して学級会委員の役割を提示し立候補を募ります。

　学級会委員は，「学級会前」と「学級会当日」と「学級会後」の３つの場面に分かれて仕事をします。「学級会前」の委員は，提案を集約し議題の決定までを担当します。「学級会当日」の委員は，司会や記録など，話合いの進行を担当します。「学級会後」の委員は，話合いによって決定したことについて，事後アンケートを実施し，成果と課題をまとめて報告する作業を担当します。

　なるべく多くの役割を設けることで，学級会は自分たちで運営しているという自覚をもたせ，子どもだけで学級会を運営していく土台をつくります。

時	役割	やること	担当者
学級会前	提案ポスト確認	提案ポストを毎日確認する 提案カードを整理＆掲示委員に渡す	
	提案カード整理＆掲示①	提案カードを整理する 提案カードを掲示する	
	提案カード整理＆掲示②		
	提案カード整理＆掲示③		
	議題選び①	提案カードの中から議題を選ぶ	
	議題選び②		
	議題選び③		
	議題選び④		
学級会当日	司会進行①	学級会の司会進行をする	
	司会進行②		
	書記（黒板）①	学級会の進行を記録する	
	書記（黒板）②		
	書記（ノート）		
	時計	学級会で必要に応じて時間をはかる	
学級会後	アンケート調査＆まとめ①	学級会での決定や取り組みについてのアンケートを実施して，成果と課題を報告する	
	アンケート調査＆まとめ②		
	アンケート調査＆まとめ③		
	アンケート調査＆まとめ④		

②「学級会システム」その2　議題の決定

　学級会委員を組織したら，次は議題の決定に移ります。右のような提案カードを用意します。「みんなでやってみたいこと」の提案なのか，「みんなで解決したいこ

提案カード　　　月　　日　　名前	
提案の種類	みんなでやってみたい・みんなで解決したい
提案内容	
提案の理由	
委員からのコメント	

と」の提案なのか，視点を設けることで提案内容を考えやすくします。提案カードの使い方は，例えば提案ポストとともに常設していつでも自由に投函できるようにするやり方があります。他には，全員に提案カードを配付し，1週間のうちに書けた子から提案ポストに投函するやり方もあります。このやり方だと，提案するという経験を全員に積ませることができます。提案の

経験をさせることは，自分たちの提案によって学級会が運営されていくという意識を高めることにつながります。

投函された提案カードは，担当の委員が教室に掲示するようにします。教室に右のような枠を設け，委員が整理＆分類して貼りつけられるようにしておきます。

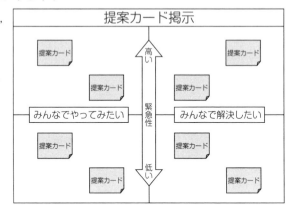

掲示する時に意識させるのは，「緊急性」です。例えば，「運動会が近いからリレーの練習の仕方を考えたい」は緊急性が高い議題です。「みんなでレクリエーションがしたい」は緊急性が低い議題です。この掲示をもとにして，担当の委員が学級会にあげる議題を決定していきます。すべての議題を学級会にあげることはできません。そこで，提案カードの「委員からのコメント」欄に，「朝の会や帰りの会で伝えるね」や「先生から話してもらうね」「おもしろい提案だね，次回の学級会で話そう」など，提案への感謝とコメントを返すようにさせます。

③「学級会システム」その3　話合いの進行

議題が決定すれば，次は話合いです。「学級会システム」では，「出し合う→深める→折り合いをつける」という話合いの基本型を子どもたちに示します。基本となる型を設けることで，繰り返しの中で自信をもたせ，子どもたち自身で話合いを進めていけるようにしていきます。

司会進行の委員には，次ページのような進行のマニュアルを渡します。マニュアルを用意することで，安心して司会ができるようになります。また，深める段階や折り合いをつける段階では，高学年なので，マニュアルを見ながら臨機応変に自分で考えて進行させます。

そうすることで，「自分が進行した」という自信をもたせます。

学級会では，始めにクラスの話合いのルールを確認したり，ふり返りカードを用意して自分の話合いへの参加を自己評価させたりするとよいでしょう。

話合いの進め方マニュアル

※自信をもってチャレンジ！　もし困ったら，委員の仲間や先生を頼りましょう。

今から第　回　年　組学級会を始めます。
今回の議題は「　　　　　　　　　　　」です。
提案者の○○くん・さん，提案理由を発表してください。
それでは，話合いの注意を確認します。司会に続けてみんなで言いましょう。

①本気で考える
②友達の話は真剣に聞く

それでは，話合いに移ります。

【出し合う】（およそ15分）
まずは，議題について意見を出し合いましょう。意見のある人は手を上げてください。
※すぐに出ないような議題であれば，始めに考える時間を1分設けてもよい。
※意見が止まった時は，ペアやグループで話し合う時間を設けてもよい。

【深める】（およそ15分）
様々な意見をありがとうございます。それでは，出てきた意見について深めていきましょう。
〈深めるお題の例①〉出てきた意見について質問はありますか。
〈深めるお題の例②〉出てきた意見を比べてみて気づいたことはありますか。
〈深めるお題の例③〉出てきた意見から○つ選ぶとしたら，どれを選びますか。
〈深めるお題の例④〉出てきた意見の中から一番を選ぶとしたら，どれを選びますか。

【折り合いをつける】（5分）
様々な意見をありがとうございました。時間がきたので，決定していきましょう。
〈決め方の例①〉今回は，みんなで多数決をして決めるのはどうですか。
〈決め方の例②〉○○の意見が一番人気があるようでしたのでそれにするのはどうですか。
〈決め方の例③〉今回は，話合いを受けて先生に決めてもらうのはどうですか。

みなさんたくさんの意見をありがとうございました。
今回は「　　　　　　　　　　　」という意見に決定しました。
それでは，今日の話合いのふり返りを書きましょう。（5分）

最後に先生の話を聞きましょう。

④「学級会システム」その4　活動のふり返り

話合いで決定した取り組みを実行した後，「学級会システム」では担当の委員にアンケート調査をさせます。アンケートは毎回使える右のような型を用意しておきます。担当委員がアンケートを

ふり返りアンケート　　名前

項　　目	よくできた	できた	あまり	まったく
活動のめあては達成できたか	1	2	3	4
自分から積極的に参加することができたか	1	2	3	4
友達と協力することができたか	1	2	3	4

〈活動して気づいたこと・考えたこと〉

〈活動を通して見つけた友達のよい姿〉

集約して報告すれば，活動を通しての成果と課題が明らかになります。このふり返りを通して，学級会の価値をあらためて確認するとともに，自分たちの力で学級を動かしているということに自信をもたせて，次の学級会につなげていきます。

（古橋　功嗣）

多数決の怖さ

多数決とは,

> 　集団,特に議会や会議の決定を多数者の意見によって決めること,またその方式。(後略)　　　　　　　　　『百科事典マイペディア』より

です。「話合いが膠着した時は,多数決をとればいい」と思われがちですが,大きな混乱を招いたこともあります。

2016年,イギリスのEU(欧州連合)離脱是非を問う国民投票が行われ,残留支持が48.1%,離脱支持が51.9%という僅差でEU離脱が決まりましたが,それからが大変でした。残留支持が多かったスコットランドでは独立騒ぎが起こったり,国民投票のやり直しを求める署名が殺到したりしたのです。勝った側は「多数決で決まったのだから,文句を言うな」とばかりに,正当性を主張することになります。しかし,多数決は一見民主的に思えますが,少数の民意を切り捨てる極めて暴力的な手法ともいえます。イギリスの場合,ほぼ半数の民意を切り捨ててしまったのです。これでは,不満が残ります。

では,どうすればよいのでしょうか。先に紹介した『百科事典マイペディア』の「多数決」の項には,次のような続きがあります。

> 　話合いによる統合過程をもたない多数決は,権威をもたない多数の暴力として少数者の抵抗を招き,この原理は空洞化する。

空洞化させないためにも安易に多数決に頼らず,可能なかぎり対話を重ね,できるかぎり少数派の意見も取り上げるようにしていきましょう。

第4章
学級会の実際

【低学年】立場を明確にして，全員参加の学級会にする

> **ポイント**
> ・掲示物と関連させる
> ・○×で意思表示をさせる

学校にある "掲示物" を生かす

学校生活上の諸問題を解決するために考えられた掲示物がある学校も多いでしょう。例えば，廊下に「廊下を走らないようにしよう」や「右側を歩こう」「すれ違ったらあいさつしよう」，図書室に「本や椅子はもとの場所に戻そう」などです。

そのような "掲示物" に目を向け，学校で生活する上でみんなに取り組んでほしいことや，気をつけてほしいことを呼びかけるためにつくられている "掲示物の意味" を低学年の子にも理解させるために，学級（学校）内でみんなに呼びかけたいことを学級会で話し合わせました。

"掲示物" で問題意識を高める

学級会を始める前に，学校内にある子どもがつくった掲示物の写真を提示し，「どうして，学校にこんなポスターが貼ってあるのかな？」と問います。すると，低学年の子たちなりに "掲示物の意味" を考えます。子どもたちは「みんなに守ってほしいから」「守らない人に教えてあげるため」「学校がよくなるように」と答えます。そして，「これらのポスターみたいに『みんなに呼びかけたいな』と思うポスターはこのクラスに必要かな？」と問います。この問いが，今回の学級会のテーマです。

○×で意思表示をさせてから，学級会で話し合わせる

　○×の意思表示が簡単に目でわかるように，帽子（または赤白帽子）を使います。必要だと思う人は帽子をかぶり，必要でないと思う人は帽子をかぶらないように指示をします。赤白帽子ならば，○が赤，×が白でもよいでしょう。ここからは，教師が司会となって学級会の話合いを進めます。

　誰が○で誰が×なのか教師も目で見てわかるので，まずは少数派の意見から聞けるように指名して，どうして○（×）なのか理由を聞きます。聞いている人は，なるほどなと思う時には「うんうん」とうなずきながら聞いたり，帽子を使って意見を変えたり，自分の意見と違う・反対意見があるという時には首をかしげるポーズをとったりと，意見を聞いたら何か反応をするように伝えておきます。教師は子どもたちの反応を見て，帽子を脱いだ子がいれば「今どうして帽子を脱いだのかな？」などと切り返し，子どもたちの意見をつないでいきます。

　○と考える子は，学級内での問題に気づいていたり，もっとこうしたいという思いがあったりする子です。みんながその問題や思いに「なるほど」「たしかにそうだ」と思えば，その問題や思いを解決するために「この学級にどんな言葉や絵を使ったポスターをつくればいいかな？」と尋ね，子どもたちに呼びかけるポスターの言葉や絵を学級会内で考えさせます。解決したい問題が多く出たら，その中で特にこれだけは呼びかけたいと思うベスト３を子どもたちに決めさせてから言葉や絵を考えさせてもよいです。また，×と考える子は今の学級に満足している子やポスターがなくてもできていると学級を肯定的に捉えている子です。理由を発表させた時に，「この学級はみんなできているみたいだからポスターがなくても大丈夫だね」とポスターがなくてもできるという理想の姿になっていることを称賛します。

　このように，○×で意思表示をさせて学級会をすることで立場が明確になり，全員参加の学級会となるでしょう。

（平井　百合絵）

【中学年】臨時学級会で 子どもの切実な思いに応える

> **ポイント**
>
> ・臨時学級会を開く
> ・学級目標に立ち戻る

臨時学級会を開く

　学級や学校の生活上の諸問題の中には，早急に解決しなければならない問題もあります。そのような場合は，学級活動の時間まで待って学級会を開くのではなく，その日のうちに臨時学級会を開きます。そして，問題解決に向けて話合いを行います。

　私の学級でも臨時学級会を開いたことがあります。その時の様子を紹介します。

　臨時学級会を開くきっかけとなったのは，学級の女子からの訴えでした。訴えの内容は以下のとおりです。

　「先生がいる時は静かにできるけど，先生がいないと静かにできない人がいます。先生がいる時は，自分の話を聞いて静かにしてくれるけど，先生がいない時は，自分の話を聞いてくれないし，静かにしてくれない人がいます。このままでは学級は悪くなります。先生，どうにかしたいです」

　いじめのような大きな問題ではありません。しかし，子どもたちの「このまま」という言葉から，この問題がしばらく続いていたのではないか，「どうにかしたい」という言葉から，切実な思いを感じました。そのため，学級活動の時間を待たずに臨時学級会を開いたのです。

　問題を訴えにきた子どもたちに「臨時学級会を開くから自分たちの思いを

学級のみんなにぶつけてごらん。先生は，その様子を見守っているから。ピンチの時は助けるから」と，ひと言だけアドバイスをして，臨時学級会を進めさせました。

学級目標に立ち戻る

授業開始とともに，3人の女子が臨時学級会を進行し始めました。

「今日，給食の時間に先生が教室から離れた時，静かにできなかった人は立ってください」

学級に迷惑をかけていると自覚した子どもたちが，ゆっくりと立ちました。

「このような状態が続いてはいけないと思います。だから，今日はこの状態を変えるために，みんなで話合いをしたいです。何かよい方法はありませんか」

司会の言葉に対して，子どもたちからは，「静かにできていない人がいたらそのままにせずに声をかける」「声をかけてくれた人の言葉を大切にする」「静かにしないといけない時は，静かにする」などの意見が出ました。

話合いの最中に，子どもたちから先生の意見も出してほしいと言われたので，ひと言だけ伝えました。

「みんなで決めた学級目標を忘れていませんか」

子どもたちは，ハッとした表情をしました。この時の学級目標は「笑顔・思いやり・チャレンジ」でした。子どもたちは大切なことを忘れてしまっていることに気づいたようでした。

学級目標は，学級の仲間と心を1つにしてつくる最初の目標です。強い思いがこめられています。ですから，どんな言葉よりも力があるのです。

（猪飼　博子）

【高学年】問題に対する切実感を高める

> **ポイント**
> ・問題への切実感を高める
> ・考えるための視点を与える

問題への切実感を高める

　6年生を担任していた時のある日，次の提案カードが提案ポストに投函されました。「掃除中に余計な話をしている人がいて集中できていないから，みんなで話し合って解決したい」。この提案を受けて，いきなり話し合わせるのではなく，まずは問題意識を高める工夫を加えることにしました。それが，次の工夫です。

> 下級生を掃除に招き，掃除の様子を見てもらう活動を仕掛ける

　下級生（この時は5年生）を掃除に招き，掃除の様子を見てもらうという活動を告げると，「え！」とおどろいたような声が上がりました。また，「今の掃除の取り組みの様子を見てもらうと，5年生はどんな感想を書くかな」と問うと，「まずいかも……」と心配する声が上がりました。このように，活動を仕掛けて問題（掃除への取り組み方）への切実感を高めてから，話合いをさせることにしました。

考えるための視点を与えて話合いを深める

　「掃除をどうがんばるか」というようなありふれた議題ではなく，議題に

ひと工夫を加えることにしました。次のような議題です。

> 「見る人の予測を上回る清掃」にするために，自分に何ができるか。

この議題には考えるための視点を与えるという工夫があります。まず，議題に答えるためには，後輩がどんな姿を予測して見にくるかを想像しなければなりません。また，その予測をどのような取り組みをすれば超えられるのか，具体的に考えなければなりません。

子どもたちは実際の話合いで次のような意見を出しました。

> ・「無言」どころか，物を運ぶ時も「無音」になるほど集中して掃除をする
> ・担当箇所をテキパキすませ，窓のふちや机や椅子の足の裏など，後輩がやっていないだろう場所をプラス α で掃除する

実際に掃除を見にきた5年生は，とてもおどろいた様子でした。翌日，5年生が書いた感想です。

> 　6年生の掃除を見に行っておどろきました。音ひとつ鳴っていないほど，静かに掃除をしていたからです。自分の場所が終わっても，次々に掃除する場所を見つけて，時間いっぱいまで掃除し続けていました。とてもおどろきました。

この感想を学級で紹介すると，子どもたちは大喜び。達成感を味わったようでした。あわせて，「昨日の姿を，見る人がいなくても継続できるか」を新たな課題として設定しました。自分たちで話し合い，実行することで達成感を味わった子どもたちは，その後もガラリと掃除への取り組みの様子を変えていくことができました。

（古橋　功嗣）

【低学年】自分たちに必要な係だと実感させる話合い活動

> **ポイント**
>
> ・1学期（前期）の反省を生かす
>
> ・自分たちで判断させる

　低学年では，給食当番と掃除当番以外に必要な学級の仕事を「係活動」として子どもに取り組ませています。

　それは，低学年の子どもたちは自力で係活動をつくることが難しいからです。また，低学年の子どもたちは与えられた役割を最後まで責任をもって果たす力が弱いので，係活動をつくる力よりも与えられた役割を果たす力を身につけさせることが大切だと考えるからです。

　1学期（前期）の係活動決めは，教師が係活動の必要性を話した後，教師から提案された係を子どもたちが話合いやジャンケン，くじ引き等で決めます。どちらかというと話し合う場面はあまりありません。

　しかし，2学期（後期）の係活動決めは，1学期（前期）の反省から係活動の必要性を感じさせ，本当に必要な係はどれかを考えさせました。そして，絞った係の中から取り組んでみたい係を決めさせます。

　2学期であれば低学年であっても以上のような話合いが十分に可能です。

1学期の反省を生かす

　話合いの進行は，教師が行います。

　板書や学級会ノートへの記録は，学級委員に任せました。

　授業開始とともに，「2学期の係を決めるために，全員に係の仕事で特にがんばったこと，うまくできなかったこと，困ったことなどから一番言いた

いことを１つ伝えてもらいます」と指示をします。考える時間は２分程度とります。どんなことを言ったらよいのかわからない場合は，友達に相談してもよいことにします。

「靴箱チェック係です。毎日，靴箱の状態を確認しました。整頓できる人が増えるように金曜日にきちんと靴を整頓できた人を発表しました」

「窓係です。朝，学校につくと，もう窓が開いていました。みんなが気づいて開けてくれました。ぼくは閉めることをがんばりました」

このような友達の反省を聞かせることで，自分だったらどんなことができるのかを考えさせることができます。その効果として，１学期は，「この係でないといやだ！」と言っていた子どもたちから，「どんな係でもやってみたい」という言葉を聞くことができました。

自分たちで判断させる

子どもたちに，すべての係の仕事内容を把握させたところで，１学期にあった係は２学期にも必要かどうかを考えさせました。係の仕事にしなくても，気づいた人がやるようにすれば係にする必要はないのではないかという提案をしました。

「これは係にしなくてもよい」という係とその理由をグループで話し合わせます。話合いの結果，窓係，電気係，本の整頓係がなくなりました。配達係は，係にしなくても気づいた人ができるけれど，係として残しておきたいという要望から，係として残しました。

２学期は，教師から与えられた係ではなく，自分たちが必要だと判断した係なので，どの子もより熱心に取り組むことができました。

（猪飼　博子）

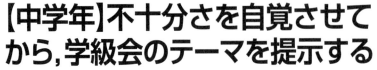

2 学級内の組織づくりや役割の自覚

【中学年】不十分さを自覚させて から, 学級会のテーマを提示する

> ┏━ **ポイント** ━
>
> ・自己評価と他者評価をさせる
> ・仲間からのアドバイスをもとに努力目標を決めさせる

　係活動が決まって1か月を過ぎると, 子どもたちのやる気は徐々に低下し始めます。その時期には, 以下のような話合い活動を行います。すると, 子どもたちのやる気は再び高まり, 係活動を始めた頃より質の高い仕事をするようになります。

自己評価と他者評価をさせる

　授業開始とともに, 最近の係活動の様子がわかる写真を黒板に掲示します。すべての係活動の写真を掲示したところで, 「係活動が始まって1か月が過ぎました。1か月も過ぎたので, いろいろな工夫ができるようになったと思います。まず, 係活動に対する自分のがんばりに点数をつけましょう」と指示を出し, 点数をつけさせます。

　その後, 自分が所属する係以外の係活動に対して, 最近の仕事の様子から点数とその理由を付箋に書くように指示を出します。

　子どもたちの中には, すべての係を把握できていない子もいるので, 黒板に掲示した写真がそのような子の役に立つでしょう。全員が点数と理由を書き終えたところで, 同じ係同士を集め, その集まっているところへ各自が書いた付箋を持っていかせます。

　「自分がつけた点数と学級の仲間がつけた点数は同じでしたか？　それとも大きな差がありましたか？　友達がつけた点数と理由をしっかりと読んで

自分の係活動の様子をふり返りましょう」と指示を出し，5分間，付箋をじっくり読ませます。

　子どもたちが係活動に対するがんばりの不十分さを自覚したところで，教師から学級会のテーマ（「係活動は今のままで十分か，改善するところはないのか」）を発表します。

　学級会のテーマは，教師から一方的に提案しないようにします。子どもたちが話し合う必要があると感じていることが大切だからです。話し合う必要性を感じていない子どもたちに話合いをさせても，その話合いは形だけのものになってしまうからです。

仲間からのアドバイスをもとに努力目標を決めさせる

　教師から出されたテーマ（「係活動は今のままで十分か，改善するところはないのか」）について，係の仲間と話し合わせます。その後，係活動のリーダーに意見を発表させます。私の学級では，すべてのリーダーが改善するところがあると発表しました。

　その後，付箋に書かれた点数と理由を参考にして，これから特に力を入れてがんばりたいことを係の仲間で考えさせ，全体の前で宣言させました。学級会後の係活動は，びっくりするほど大きく変わりました。

　特に行動が大きく変わった子に，その理由を聞いてみると「学級会でみんなの前で宣言したから，ちゃんとやりたい」「みんなにがんばっていると認めてもらいたい」と教えてくれました。子どもの言葉から学級会の効果を感じました。

（猪飼　博子）

【高学年】「具体的な行動」について検討させる

- 現状を評価させ，問題意識を高める
- 具体的な行動を考えさせる

現状を評価させ，問題意識を高める

　5年生を担任していたある日，次の不満が議題ポストに投函されました。

　「生き物係が，花の水やりをしていない時がある。環境係も，電気を消し忘れている時がある。このままではいけないと思う」

　この提案を受けて，係活動の現状評価をさせることにしました。下のような表を全員に配付し，各係の取り組みを4段階で評価させるというものです。

5年1組　係活動チェック

係名	評価			
	とてもよくやっている	やっている	あまりやっていない	やっていない
生き物	4	3	2	1
環境	4	3	2	1
図書	4	3	2	1
お笑い	4	3	2	1
レクリエーション	4	3	2	1
給食	4	3	2	1
学習	4	3	2	1
配りもの	4	3	2	1

この時の子どもたちは，自分たちの係活動の取り組みが周りからどう見られているかをあまり意識していない様子でした。そこで，先の現状評価で自分たちの係が何点獲得しているか予想を立てさせ，実際の点数と比べさせました。

活動がおろそかになっている係は，予想どおりで苦笑いするか，予想を下回る点数におどろいた様子でした。また，よく働いていると自己評価が高めだったレクリエーション係がいまいちな点数だったことに，レクリエーション係の子どもたちはおどろいた様子でした。

自分たちがどう見られているか自覚した子どもたちに，次回同様の評価をする際の目標点を決めさせました。

具体的な行動を考えさせる

目標となる点数を定めても，何をしたらよいのかわからなければ変われません。そこで，「『とてもよくやっている』と評価されるのは，どんな姿か」を話し合わせる学級会を開きました。

この話合いによって，例えば右のような「具体的な行動」がたくさん出されました。各係で「とてもよくやっている評価」をもらうには，どのような行動をすればよいのかイメージが共有されたところで，最後にふり返りで「話合いを踏まえて自分は何をするか」を決定させました。具体的に何をすればよいかが決まると，子どもたちは動きだします。話合い直後から，係活動に取り組む子どもたちの様子が格段によくなりました。

係名	とてもよくやっている評価
生き物	・「全員」が仕事をしている ・曜日と分担を決めて，水やりを一度も忘れていない ・生き物紹介クイズを出すなど，みんなを楽しませている
環境	・「全員」が仕事をしている ・分担を決めて，電気の消し忘れが一度もない ・みんなに手洗いうがいを呼びかけている

（古橋　功嗣）

【低学年】異学年交流の場を生かす

> **ポイント**
> ・企画書をもとに話し合わせる
> ・ネームプレート活用で全員参加を促す

お世話になった6年生へ感謝を伝える場をつくる

　低学年の子どもたちは，様々な集団に所属している中で上級生に助けてもらったり手伝ってもらったりする場面が多いです。そこで，学校行事として行う"6年生を送る会"とは別に，1年生が企画して行う"6年生ありがとうの会"について，学級会で話し合わせました。

"6年生ありがとうの会"を学級会で企画する

　授業の始まりとともに，6年生の写真を提示します。縦割り班での活動で6年生が1年生に長縄の跳び方を教えている様子や通学班で一緒に登校している様子，教室で掃除や給食を手伝ってくれている様子など様々な場面を準備しておきます。すると子どもたちは「あ！　6年生のお兄さん・お姉さんだ！」「○○ちゃんだ！」などと反応します。そこで，「さすがみなさん，6年生だってことがすぐにわかりましたね。6年生はもうすぐ卒業して中学校へ行きます。その前に，たくさんお世話になった6年生と楽しい思い出をつくるための会を開きたいんだけど，どうかな」と提案します。ほとんどの子が「うんうん」「やりたい！」と反応してくれたところで，学級会のテーマとなる「6年生ありがとうの会」の企画書を配ります。学級会で話し合うことが書かれている企画書です。

企画書には，6年生ありがとうの会
の目的や日時・使える場所だけでなく，
「6年生にどんな"ありがとう"をつ
たえたいですか」「6年生ありがとう
の会で，6年生とやりたいことがあれ
ばかきましょう」という，自分の意見
を書く欄をつくっておきます。学級会
で話し合わせる前に，まずは一人一人
が6年生に対する感謝の気持ちをもち，
6年生とどんなことをしたいのかを考
えられるようにするためです。

6年生ありがとうの会　きかくしょ
　　　　　　　　なまえ＿＿＿＿＿＿

【きまっていること】
〇もくてき：いままでおせわになった6年生に「ありが
　　　　　とう」の気もちをつたえること
　　　　　小学校でのたのしいおもい出を1年生と6
　　　　　年生でつくること
〇にちじ：●月●日　5じかんめ
〇ばしょ：おんがくしつ
　　　　（1年生・6年生みんながすわれるように）

【いまからきめること】じぶんでかんがえる
①6年生にどんな"ありがとう"をつたえたいですか。

②6年生ありがとうの会で，6年生とやりたいことがあ
　ればかきましょう。

　個人で企画書を書かせた後，発表のスタート地点を決めて順に発表させ，
全員の思いを学級全体で共有します。

全員参加型学級会にするために，ネームプレートを活用する

　6年生ありがとうの会でやりたいことを板書した後，何をするか学級で決
めていきます。その際，「今からみんなは6年生です。6年生になったつも
りで，どの意見を『いいな！』と思ったのかネームプレートを貼りに行きま
しょう。そしてそれを選んだ理由を後から発表してもらいます」と指示しま
す。1年生はどうしても自分のやりたいことを選びがちです。ですが，少し
でも6年生のための会でもあることを意識して考えられるように，6年生に
なったつもりで選ばせるようにします。また，全員が自分の意見を主張でき
るようにネームプレートを活用します。全員が貼った後，少数派を選んだ子
から立たせて意見を言ってもらいます。同じ意見だと思ったら座ってもよい
という約束も加えておきます。全員の意見を聞いた後に，ネームプレートを
動かしてもよい時間をつくります。ネームプレートを動かした子がいたら，
その子に理由を聞くなどすると，話合いを進めていく中で子どもたちの意見
の変容に気づき，全体で共有することができます。　　　　（平井　百合絵）

【中学年】子どもの力で話合いができる工夫を！

・活動の意味を考えさせる

・板書で見える化する

　勤務校では，毎年7月に，全校でお祭りをします。そのお祭りは，3年生以上が，学級単位で出し物をして学校中の人たちを楽しませるというものです。このような学校行事がある場合，学級会ではどのような内容で話し合うとよいのでしょうか。

　4年生の子どもたちには，準備から片づけまでの仕事を任せることが可能です。子どもたちは，自分の役割が明確にわかっていると進んで行動することができます。そこで，学級会では出し物の決定だけでなく，準備から片づけまでの仕事の分担も話合いによって決めさせます。

活動の意味を考えさせる

　中学年までの子どもたちにお祭りやお楽しみ会の出し物を考えさせると，子どもたちはたいてい，出し物をする相手のことは忘れて，自分がやりたいことを主張します。

　そこで，出し物を考えさせる学級会を行う時は，まず，「何のためのお祭りなのか」「何のためのお楽しみ会なのか」「何のために出し物をするのか」など，活動の意味を考えさせます。

　活動の意味を考えさせることによって，誰のことを思って出し物を考えるとよいのかを子どもたちに気づかせることができるのです。

　今回の学級会では，「何のためにお祭りをするのか」について話し合わせ

ました。

　子どもたちからは，「お祭りを通していろいろな学年の子と仲よくなるため」「学校中の人を楽しませて，学校中の人を幸せな気持ちにするため」「クラスの友達と絆を深めるため」などの意見が出されました。

　子どもたちが，お祭りの活動の意味や出し物の相手を意識できたところで，出し物を考えるための学級会を子どもたちだけの力で進めさせます。

　最初に活動の意味を考えさせたことで，出し物をする相手を子どもたちにしっかり意識させることができました。そのため，危険をともなう出し物が提案された時，「この出し物は低学年には難しいのでやめた方がいいと思います」と，子どもたちが反対意見を出すことができました。

　話合いによって，本学級の出し物は「おばけすごろく」に決まりました。その際，「低学年でもわかるルール」や「低学年が安全な内容」にしようという意見が出され，出し物を楽しむ相手を意識してルールや内容を決めることができたのです。

板書で見える化する

　出し物の内容やルールが決まった翌週には，第2回学級会を開き，子どもたちだけで，当日までの準備の仕事，当日の仕事，片づけの仕事をすべて考えさせ，役割分担をさせました。

　子どもたちだけで仕事を考えさせ，役割分担をさせるために，2つの指示を書記に出しました。それは，「当日までの仕事，当日の仕事，片づけの仕事を区別して板書する」「出た意見はすべて板書する」でした。子どもたちは，板書を見ながら活発に意見を出し合いました。

　授業だけでなく学級会においても板書の工夫は大切です。

（猪飼　博子）

【高学年】全校で取り組む活動を ダイナミックに話し合わせる

ポイント

・児童会活動とコラボさせ，ダイナミックな話合いをする
・全校を巻き込んだ取り組みで，高学年としての自覚を高める

児童会活動とコラボさせ，ダイナミックな話合いをする

　ある中学校の研究発表を参観した時のことです。その学校では，1年生から3年生までが体育館で一堂に会し，「全校討論」というものを行っていました。学校をよりよくするために，学年に関係なく意見を出し合い，司会もすべて生徒が進めていく姿に圧倒され，深く心に残りました。

　その経験を踏まえて，小学生にもそのようなダイナミックな話合いをさせたいと考えました。そこで，児童会活動とコラボさせ，4年生から6年生までの子どもを体育館に集めて話し合う「高学年サミット」という実践を行いました。

「高学年サミット」の概要

【事前の活動】

・児童会の役員が学校をよりよくするための活動を考え，いくつか提案する

・各学級で，「どの活動を行うべきか」話合いを行う

【高学年サミットの流れ】（45分）

(1)はじめのあいさつ（2分）

(2)児童会役員による活動の提案（5分）

---

(3)話合いの諸注意確認（3分）

(4)話合い「学校をよりよくするためにどの活動を行うべきか」（25分）

(5)投票，投票結果の発表（8分）

(6)おわりのあいさつ（2分）

場は右図のように設定しました。

司会進行はすべて児童会の役員が行い，書記のノートはプロジェクターによってリアルタイムでスクリーンに映し出しました。また，全員に赤白帽子を持参させ，話合い後にその場で多数決投票をすることにしました。そうすることで，その場で決定するライブ感が生まれ，子どもたちの意見は時間いっぱいまで出続けました。

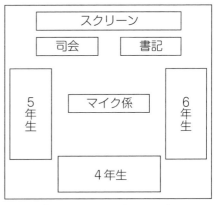

「高学年サミット」場の設定

全校を巻き込んだ取り組みで，高学年としての自覚を高める

「高学年サミット」で児童会の役員から提案された活動は，次の4つでした。

❶全校大掃除　❷ドッジボール大会　❸ペア学級交歓給食　❹あいさつ運動

投票の結果，選ばれたのは「❸ペア学級交歓給食」でした。「学年をこえて仲よくなりたい。そのためには，ペア学級の子とじっくりお話しができる交歓給食がよい」という理由でした。交歓給食とは，異学年の子どもがともに給食を食べる活動です。自分たちで話し合って選んだ活動が実際に行われ，1年生とともに給食を食べる6年生はとても満足した様子でした。

（古橋　功嗣）

国会のヤジと学級会

　議長に指名された者が話すというスタイルは，国会も学級会と同様です。では，国会は学級会のお手本となる，日本最高峰の話合い活動なのか……と思ったら，そう単純でもなさそうです。

　かつて，「ヤジ将軍」と呼ばれた国会議員もいたように，発言している最中にヤジをとばす光景が見られます。学級会で指導している「人が話している最中には，口を挟まない」とはまったく正反対なのです。

　ヤジとは「やじる（弥次る・野次る）」の略語で，次のような意味です。

　第三者が当事者の言動を，大勢に聞こえるよう大声で非難し，からかう。また，一方を応援するのに他方の言動を嘲笑し，妨害する。「議長を－る」「会場で－る」　　　　　　　　　　　　　　　　　　　『広辞苑第六版』より

　「発言者がかぎられているからそうでもしないと参加できない」「ヤジをとばして，相手の失言を引き出すテクニックだ」「自分（を含めた自分の党）が簡単に相手の言いなりになっているのではないというアピール」など，議員ならではの理由（言いわけ？）もあるのかもしれません。しかし，悪口のようなヤジもあり，あまり子どもに聞かせたくはありません。

　たしかに，学級会と国会は違います。同じくくりで語ることはできないでしょう。しかし，自分と同じ意見に賛意を表明するヤジならよいのですが，相手をおとしめる方向のヤジはいかがなものかと思います（だからこそ，ヤジの“効果”があるのかもしれませんが）。学級会は，相手を尊重し，マナーある話合いをめざします。国会も，意見の対立やはげしい応酬はあるにしても，せめて品位のある議論の場であってほしいものです。

第 **5** 章

学級会を
さらに円滑にする
アイデア

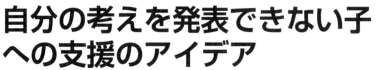

自分の考えを発表できない子への支援のアイデア

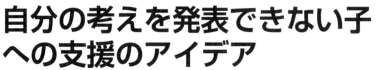

1 話合いを活性化させるアイデア

話せる雰囲気をつくる

　自分の意見をクラスの中で自由に話せる雰囲気をつくることは，学級経営の根底になります。全教科，全学習活動で行っていくべきことです。

　学級会を開く時も，冒頭の時間を使って，みんなが話しやすい雰囲気づくりを行います。簡単なルールのゲームを行うとよいでしょう。

　そして，少し全体の雰囲気がやわらいできたと思ったら，本時の話合いに移るようにします。

　また，自分の意見を全体の前で言えなくても，小グループでなら話せるという子もいるはずです。そこで，話合いをいきなり全体で行うのではなく，最初はペアやグループで行います。そして，その中で出てきた意見をみんなに紹介する形で発表させます。自分の意見を言うのは無理でも，友達の意見なら言える子もいるはずです。

　意見を言えない原因が，本人だけにあるとはかぎりません。聞く側の問題もあります。間違った意見をひやかしたり，小さな声で話す子どもをばかにしたり，違う意見を言うとすぐこそこそ話が始まったり，発言者の方を向いて話を聞く子どもが少なかったり……そんな態度がクラス内にあれば，発言することに自信のない子どもは殻に閉じこもってしまいます。どんな話の聞き方がよいのかを日々，指導しておくことが大切です。

　以上のようなことを心がけて，みんなの前で意見を言える雰囲気を少しずつつくっていきます。

「賛成」「反対」がわかるグッズを利用する

　発言できない子のために，ちょっとしたグッズを用意しておきます。例えば，「賛成」「反対」「悩み中」などのカードを用意しておき，今現在の自分の気持ちに合わせて，カードを掲げてもらうようにします。または，「〇×プレート」を使ってみるのもよいでしょう（ただし，これ

だと２択しかありません）。こういったグッズを使えば，声に出して言わなくても自分の立場を司会に示すことができます。

自分の意見を書かせる

　声に出すのは苦手でも，書くことはできるという子もいるはずです。何か意見があれば用紙（事前に教師が渡しておきます）に書いて司会に届けたり，書いた意見を隣の子が読み上げたりといった方法もよいでしょう。

慣れてきたら発言する機会を与える

　以上のような支援を行い，いつかは自分で発言することに挑戦させます。全員の意見を列指名や出席順で求めていけば必ず発言する機会が生まれます。また，誰かが意見を言った後に，「今の意見に対して，賛成かな？　反対かな？」と尋ねてみるのもよいでしょう。自分の意見を用紙に書くところまでできていたら，それを読むことで発言にかえるというアイデアもあります。

　このようにいろいろな発言の機会を与え，少しでも発言できたら，しっかりほめてあげましょう。このような経験を積み上げていくことで，少しずつ意見が言えるようになります。

（高本　英樹）

1 話合いを活性化させるアイデア

話合いが停滞してきた時の
アイデア

教師も一緒になって意見を言う

①教師が子ども役になってみる

　話合いが停滞してきた時，教師から見て「もっとこんな意見もあるけどな」「ここは質問して聞いてみたいところだけどな」と思うことがあります。ただ，子ども同士の話合いにはなかなか口出ししにくいと感じることでしょう。そのような時は，教室内のあいている席に座ったり，子どもの目の高さに座ったりして子どもになりきって意見を言ってみます。

ポイントは，教師も子ども役になって挙手し，意見を言うことです。

　最初は，「なんで先生が？」と思って司会は怪訝な顔をするかもしれませんが，あててくれるはずです。そこで「はい！　さっきの意見に質問があります」と子どもになりきって発言します。すると，その意見に対して誰かが意見を返してくれるはずです。意見が再び活発に出てくれば，教師はそっと席を外して話合いを見守ります。

　教師の意見の言い方は，発言する際のモデルにもなります。

②ぬいぐるみが意見を言う

　教室にぬいぐるみ（キャラクター）を置いておきます。そのキャラクターに意見を言わせます。教師がぬいぐるみを操作して（手を上げさせて）声色を変えて，意見を言うのです。

　教師が子ども役になることと似ていますが，ちょっとなごやかな雰囲気に

なります。

意図的に指名させる

　話合いが停滞している時というのは，沈黙が続いている時です。学級会は，そこにいる全員の意見が反映されてしかるべきです。

> 　ポイントは，司会に意図的に指名させることです。

　まだ意見を言っていない人に，今，何を考えているか話してもらうようにあてさせます。学級会になると，とかく活発な子どもが意見をたくさん言ってしまい，おとなしい子どもの意見が反映されにくくなります。

　そこで，あらかじめ司会には，まだ意見を言っていない人に意図的にあててもよいことを伝えておきましょう。

　学級会はその名のとおり，学級みんなの会です。ですから学級の子どもたちには，「話合いの意見について，必ず，今の意見に賛成かな？　反対かな？　という考えをもって聞いておくんですよ」とあらかじめ伝えておきます。そして「いつあてられても自分の意見を言えるようにしておくんですよ」とも伝えておきます。「どうしても答えられないようなら『今，考えています。後でもう一度言います』と言っておけばいいですよ」とフォローもしておきます。

　指名されて話した意見が停滞した雰囲気を打破してくれることもあります。

（広山　隆行）

「意見を言う」から「説得する」へ
子どもの意識を高めるアイデア

普段の授業で鍛える

　友達を説得する力を育てるには，学級会における指導だけでは不十分です。日頃の授業の中で子どもたちを鍛える必要があります。国語科の授業で教材文をもとに話し合う中で，話題に沿って話す力や友達を納得させられる発言をする力を育てます。算数科の授業における話合いで，友達と自分の考え方の相違点を明らかにし考えを的確に伝える力を育てます。このように，それぞれの授業の場で鍛えた表現力，発言力，そして学級集団全体の話し合う力を学級会の場で生かしていくのです。

「他者意識」を育てる

　「意見を言う」と「説得する」の大きな違いは，そこに他者意識があるかどうかです。他者意識をもたせるためには，まず「伝えたい」「伝えよう」という思いを育てることです。そして，「どのようにすれば伝わるか」という技術を身につけさせることが大切です。普段の各教科の授業から以下のことを意識しましょう。

①書かせることで全員参加

　教師の問いに対し，一部の子のみが挙手し，発言する。これを続けていくと，一部の子どもだけで話合いが進み，多くの子どもたちが「潜る」状態になります。まずは，話合いに「全員参加」させることが大切です。そのためには，自分の考えを書かせることです。書くことで自分の考えがまとまり，立場を決めることもできます。それを発言や，小グループでの話合いに活用

させます。これが「伝えたい」「伝えよう」という意識をもたせる第一歩になります。

②声量

　教室の全員に聞こえる声で発言させます。効果的なのは，発言者から一番遠いところに座っている子どもに発言内容を復唱させることです。「聞こえませんでした」と返ってきたら指導のチャンスです。「なぜ友達の発言中に『聞こえません』と言わないのですか？　聞こえにくい時にはお願いをして大きな声で言ってもらうのです。それが友達の発言を大切にすることです」と指導します。これを続けることで，大きな声で発言することが学級の「当たり前」になります。

③短く話す

　話は長くなるほど言いたいことが聞き手に伝わりにくくなります。言いたいことをズバリ短く的確に言わせるようにしましょう。書くことと同様に，一文を短くすると相手に伝わりやすくなります。

④「確認」により反応を求める

　「今，○○くんは～と言いましたよね」というように，発言の冒頭に確認をさせます。すると，聞き手は「はい」と反応します。意図がずれていれば，聞き手は「ん？」という反応をします。発言の際に問いかけや確認をすることで，聞き手を巻き込むことを意識させましょう。

⑤語尾を「か」にして呼応させる

　聞き手との対話を成立させるには，問いかけが有効です。「～ですか」というように，語尾を「か」にすると，相手は反応しやすくなります。問いかけにより，呼応できるようになると話合いは活性化されます。

（西田　智行）

論点がずれ始めた時に修正するアイデア

話合いの目的を意識させる

　まずは，話合いの目的を全員に意識させます。「これから，どうしたら，クラスのボールを使った後に，きちんともとに戻すことができるかについて話し合います」「今日は，その方法を話し合ってみんなで取り組むことを決めたいと思います」と，司会は何をどこまで話し合った

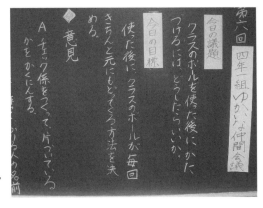

らよいのかを明確にします。もちろん，黒板にも目的を提示しておきます。

　さらに，どんな意見がふさわしいか，いくつか具体例をあげてみます。前もって司会と打ち合わせをして，例を準備しておくのもよいですし，その場で子どもたちに考えさせてもよいでしょう。そうすれば，どんな意見を言えばよいのかが明確になります。

　具体的な方法以外の話が出た時には，司会がすぐに修正をしてもよいですし，他の子が修正を求めてもよいことにします。司会には，常に目的に沿った内容の話かどうかを確認しながら進行するよう指導しておきます。

休憩をとって司会と打ち合わせる

　話合いの論点がずれていることに司会が気づかず，その他の子どもも指摘しない場合は，教師が手を貸す必要があります。司会に，一旦話合いを止め

て休憩をとるよう指示します。この休憩の時間に，教師が司会と打ち合わせをして，どのように修正するか指導します。司会が修正方法を理解したら，話合いを再開します。休憩する時間は1〜2分程度です。あまり時間をかけると，話合いの雰囲気が壊れてしまうので気をつけます。

教師が子ども役になってずれを指摘する

学級会が始まったら，教師は子ども役として，あいている子どもの席に座ります。あいている席がない場合は，校内に予備としてとってある机を借りるとよいでしょう。論点がずれたと判断したら，教師が「今の話は，目的からそれています」「それは，今話すことではないと思います」と，子どもになったつもりで発言します。教師からの指摘を受けて司会がずれを修正するようにします。

カンペを出す

話合いがずれてきたなと感じたら，教師は教室の後方に移動し，スケッチブックを用意します。そのスケッチブックには，「話がずれている」「目的を確認して」など，論点がずれていることへの注意を促す文言を書いておきます。そして，それを司会に見えるように掲げます。つ

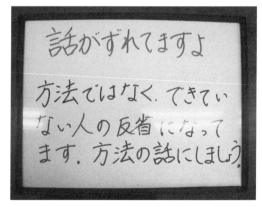

まり，カンペを用意しておくのです。教室にホワイトボードなどがあれば，それに書いて知らせるのもよいでしょう。ホワイトボードなら，修正方法も書けるので，スケッチブックよりも重宝するかもしれません。

（高本　英樹）

論点をずらさないための「メモ力」を高めるアイデア

ノートを活用する

　話合いをしていると，子どもたちの話が違う方向にいくことがあります。それを防ぐには，言葉だけのやりとりでは限界があります。メモをとることによって論点からずれにくくすることができます。

　さて，学級会の時にノートを使っているでしょうか。

　ポイントは，必要に応じてノートを使わせることです。

　話すことによって，考えをまとめ伝えることが得意な子どもがいる一方で，書くことによって，考えをまとめることが得意な子どももいます。ですから自由帳などのノートを活用して，学級の実態に応じて話合いをメモしてもよいことを伝えます。

国語の教科書を活用する

　現在の国語の教科書には「話す・聞く」単元として，よりよい話合いにするための教材が載っています。国語の学習内容を横断的に捉え，実際の学級会の場で使ってみましょう。例えば『新しい国語　六』（東京書籍）には，「意見と理由とのつながりを聞き取ろう」という単元があります。ここにはメモ用紙を配付して，それぞれの意見に賛成か反対かを決めるように書かれています。また，メモをしながら矢印や○△といった記号を使って，❶意見が話題からそれていないか，❷意見につながる理由をあげているか，❸かたよった見方になっていないか，などを見極めることが「言葉の力」として書

かれています。

　学級会でも「この前，国語の時間に勉強したことを意識してみましょう」と話したり，事前に国語の教科書を読んでおいたりすることによってメモ力を高め，有効な話合いにすることができます。

書記を活用する

　黒板書記は，全体の話合いを可視化する役割になります。ですから，黒板は黒板書記の「メモ力」が問われます。

> 　ポイントは，❶似た（同じ）意見をまとめながら書くことと，❷黒板消しを使わないことです。

　黒板書記は，どうしても時系列に出てきた意見を書いてしまいがちです。意見をたくさん出したい場合はそれでよいのですが，意見を1つに絞る場合は，似た意見をまとめながら近い場所に書かせます。また，話合いによって否決された意見は，黒板消しで消すのではなく，チョークで上から線を引いて消すようにさせます。そうすると，同じ意見が再び出てきて論点がふりだしに戻ることを避けることができます。さらに，矢印や○△などの記号を使って，どことどこが対立しているのか，今の論点はどこかを明らかにさせるよう指導していきましょう。最初は教師が板書を手伝ってもよいでしょう。

（広山　隆行）

時間内に話合いを終わらせるようにするアイデア

しめきり意識を育てよう

　時間内に話合いを終わらせるためにもっとも大切なことは，子どもたちにしめきり意識を育てることです。

　ものにはしめきりがあります。給食は決められた時間内に食べ，掃除も決められた時間内に精いっぱい取り組むということを子どもたちに指導していることでしょう。同様に学級会も時間内に結論まで話し合うという習慣をつけさせましょう。時間をかければよい話合いができるというものではありません。かえって集中を欠き，子どもたちはダラダラと話し合うようになります。学級会の安易な延長は避けるようにしましょう。

　そうはいっても，代表委員会の提案事項など全校にかかわる議題は時間内に決着しないこともあります。そういう時には，給食を食べながらの「ランチミーティング」や，帰りの会で「ミニ学級会」を開催するなどの工夫をしましょう。

「学級会計画書」を事前に配付する

　私の勤務校では，職員会議の提案文書は会議の２日前までには配られ，参加者が事前に目を通します。これは，職員会議を時間内に終わらせるための工夫です。いきなり資料を配られ提案されては十分に内容を理解できず，話合いが長引いてしまいます。

　学級会はどうでしょう？　提案者がその場でいきなり提案していませんか？

　計画委員会で打ち合わせをした後，計画委員に次の学級会の「議題」「提

案内容」「提案理由」などを計画書に書かせ，事前にみんなに配付させましょう。これにより，子どもは話合いの見通しをもって学級会に参加することができ，話合いの時間短縮につながります。

あると便利なグッズ

①タイマー

「出し合う」「くらべる」「まとめる（決める）」の段階で，それぞれ何分ずつ必要かあらかじめ決めておきます。これをもとに，学級会では，司会，もしくは計時係の子どもが計時します。この時にキッチンタイマーがあると便利です。私の学級では，特別支援教育でよく使われるタイマー（「タイムタイマー」TimeTimer 社）を活用しています。残り時間がどれだけか視覚的にわかるので，低学年の子どもでも時間を意識できます。

②短冊

黒板書記が黒板に書く時間も結構かかってしまいます。議題や提案理由など，あらかじめ用意できるものは短冊に書いて貼るだけという状態にしておきます。なるべく黒板に書く量を少なくすることが時間短縮につながります。

③「学級会の足跡」ノート・ファイル

学級会の流れをノート書記の子どもに記録させます。また，話合い後の板書を写真に撮り，ファイルにまとめます。これが話合いの仕方の視覚化につながります。

次回，司会を担当する子どもがそれを見て，「このように進めればよいのだ」という見通しがもてるのです。司会の段取りがよいと話合いも時間内に終わるようになります。

（西田　智行）

思いついた時にすぐ発言する子へのアイデア

話合いのルールを確認する

　こういった子どもは，話合いのルールは守れていないかもしれませんが，それでも，話合いに参加しようとする姿勢はあるわけです。そこは認めてあげた上で，「意見がある時はどうするんだったかな？」「それまでは，どうするんだったかな？」と話合いのルールを全員で確認します。この場合には，「意見があったら手を上げる」「それまでは，静かにしておく」「指名されてから意見を言う」などを押さえることになるでしょう。また，そうしなければならない理由も話しておきます。

　その後，個人的にも「今のことが納得できたかな？　さっき話していた意見を，手を上げてから発言すればいいんだよ」と言って教えます。そして，その子がちゃんとルールを守って発言したら，しっかりほめてあげましょう。

　また，司会をする子どもに，「○○さんばかり意見を言っていたら，話合いにならないよね。ただ，○○さんは，それだけ真剣に考えているんだ。だから，少し多めに，○○さんを指名してあげてね」と，事前に伝えておきます。ルールを守って意見が言える経験を積むことで，適切な行動を学ぶことができます。

意見を紙に書くようにする

　こういった子は，思いついたことを，誰かにすぐにでも聞いてほしいのです。かといって，すぐに指名しても，話す内容が整理されておらず，何が言いたいのかわからないといったこともあります。

　この場合，何か意見を思いついたら，まずは，紙に書くようにさせます。

そうすれば，すぐに意見を口にすることもないですし，考えを整理してから話すことができます。紙は学級会の前に，全員に配付しておきます。そして，必要な時がきたら，意見を書く時間を全体でとり，その後，発言を求めるようにします。

発言の仕方をカードで促す

手を上げて司会の指名を受けてから発言するように促しても言うことを聞かずに，あいかわらずしゃべり続けているようであれば，右のようなカードをその子の前に示してあげます。

意見がある時は手を上げてから発表することを思い出させるためです。

そこで，黙って手を上げたら，静かに拍手してあげます。それでも勝手に話すようなら，教師がその子を個別に呼んで指導します。

放課後に話を聞いてあげる

話したい子は，ずっと自分の話を聞いていてほしいのです。自分の話を十分聞いてもらえたと思ったら，案外，落ち着くものです。授業後にもまだしゃべりたい感じが見られたなら，放課後に個別に呼んで，教師が話をしっかり聞いてあげるようにします。

（高本　英樹）

仲のよい友達に反論できない 雰囲気を打破するアイデア

反対意見によって意見をよりたしかなものにする

①同時に意見を表明する

　仲のよい友達と同じ意見にしたり，友達との関係性で賛成・反対を決めたりしてしまう子どもがいます。

　学級会としては，たくさんの意見があった方がよいですし，反対意見が出る方が，問題点を浮き上がらせることができます。

　ポイントは，全員同時に立場を表明させることです。

　「❶❷❸のどの意見に賛成か，同時に手で表してくださいね。せーの」

　「頭の上で賛成は両手で○を，反対は両手で×をつくってください」

　「顔を机に伏せてください。どの意見に賛成か手を上げてください。❶……，❷……」

　このように友達の意見に左右されないように立場を表明させます。その上で，どんな意見なのかを聞きましょう。

②「あえて」反対意見を言ってみる

　学級会で物事をみんなで決める際に，あまりにもスムーズに決まってしまうと，その問題点や課題が見えにくくなります。仲のよい友達に反論できな

い場合も同様です。できるだけ反論や疑問は出したいものです。

ポイントは,「あえて」言ってみることです。

「意見がなかなか出ない時は,わざと『あえて』反対の意見を言ってみましょう。『敢えて』とは,『わざわざ,とりたてて』という意味です。いじわるをするつもりではないので『あえて言うんだけど……』『わざと逆のことを言ってみるんだけど……』と意見を言うことで,その意見の問題点や課題が見えてきますよ。何も反論がない時は,決めた後に不都合なことや失敗することがよく出てきます。誰か『あえて』意見を言う人はいませんか?」

このように問いかけることで,仲のよい友達にも「あえて」意見を言える雰囲気をつくります。

ペアで意見を言い合う

話合いをしていると,立場の強い子どもの意見に反論できなくなってしまう雰囲気になることがあります。そんな時,近くの子ども同士で意見交換をさせてみましょう。近くの2〜3人でワイワイと意見を言わせます。

ポイントは,ただ単に言い合うことです。

みんなの前では意見が言えないけれど,少人数だと言いやすくなる場合があります。また,反対意見を出せずに困っていたけれど,友達も同じ意見をもっていたんだと安心することができます。この時,教師が話合いの様子を把握し「今の話合いで,こんな意見が出ていましたね」と教師の口から反対意見を出します。その後「似ている意見はありませんか?」と問いかけて学級全体の反論できない雰囲気を打破します。

（広山　隆行）

折り合いをつけられない子を納得させるアイデア

「みんなで決める風土」を形成しよう

　話し合って決まった結果が，自分の思いどおりではないこともあります。その際に，みんなで話し合った結果を受容しない態度は，周囲から受け入れられません。話し合う時には全力で話し合い，決まったことには従うことが正しい社会参画のルールだということを子どもたちに伝えましょう。また，安易な多数決では納得できない子どもが出てしまいます。多数決がダメなわけではありません。多数決にいきつくまでに，どれだけ話し合ったか，クラスのみんなの納得解を追求できたかということが問題なのです。司会の子どもには，意見が出尽くしたことをみんなに確認し，承認された上で多数決をとるようにさせましょう。教師が折り合いのパターンをたくさんもっておくことも大切です。話合いの中で自然発生的に折り合いのアイデアが出てくることはめったにありません。子どもに折り合いをつけさせるには，教師が折り合いのパターンをたくさん知っておいて，子どもに提供することが大切です。「みんなで，よりよい学級・学校生活をつくる　特別活動　小学校編（教師用指導資料）」（文部科学省　国立教育政策研究所　教育課程研究センター）には次のような折り合いのパターンが紹介されています。

　・新しい考えをつくる　　・意見を合わせる

　・優先順位を決める　　　・条件を付ける　　　・少しずつ全部行う

　・共感的に理解し，譲る　・多数決を行う

　折り合いをつけられる子どもを育てるためには，このような全体指導を繰

り返し行い，経験を積み重ねて「みんな」で決めるという風土を形成していくことが大切です。

個別の支援が必要な子どもには

このように全体に指導しても，自分の提案した内容が支持されないことを受け入れられない子どももいます。話合いの結果を「勝ち」「負け」で判断し，「負けた」とくやしがる子どもや，いつまでも自分の考えに固執する子どもです。このような子どもには個別の対応が必要になります。

①発言した事実を認める

学級会で積極的に提案や発言をしたという事実を認めます。積極的に発言してくれたおかげで，みんながいろいろな考え方ができ，見方が広がったことをしっかりほめましょう。

②意見の「よさ」を認める

どうしてその意見を主張したのかという理由を聞きます。そこには必ず議題の提案理由に沿った「よさ」があるはずです。「みんなのためによく考えたね」とその「よさ」を認めましょう。そして決まった内容の中にもその子の考えていた「よさ」が組み入れられていないか一緒に考えましょう。

③決定事項に参加させる

「何に決まるか」ではなく，決まった内容について学級みんなで「どうするのか」が大切だということを伝えましょう。そして，全体に指導したとおり，「決まったことには従う」と，みんなで決めたことに参加させます。その際に，その子に活動の中で楽しさやよさを十分に味わわせられるように配慮します。そして，「みんなと活動できて先生はうれしい。ありがとう」と伝えましょう。その子が育つことを期待し，長い目でかかわることが大切です。

（西田　智行）

■コラム■

書記長って!?

　かつて，旧ソビエト連邦では，一番権力をもっていたのは「ゴルバチョフ書記長」でした。子ども心に「どうして『ゴルバチョフ大統領』といわずに，『書記長』なんだろう？」「学級会の『書記』と関係あるの？」などと疑問に感じたことを覚えています。（ゴルバチョフ氏は，後に大統領制を導入し，就任しています）

　書記長って，いったい何なのでしょう？

　書記長とは，政党や労働組合における責任者を指します。一般的な団体における「事務総長」に相当します。（Wikipedia「書記長」より）

　書記長の「書記」は，「会議で議事録をとる」という意味ではなく，事務全般を意味します。だから「書記長」は，「事務方のトップ」という意味をもちます。（ピクシブ百科事典「書記長」より）

　旧ソビエト連邦においては，元首であるソビエト連邦最高会議幹部会議長ではなく，代々のソビエト連邦共産党中央委員会書記長が事実上の最高権力者だったそうです。学級会の書記とはまったく違うのですね。

　「党の実権を握る書記長」の先駆けは，ソビエト連邦共産党中央委員会書記長を務めたヨシフ・スターリンでした。スターリンという名前は，もう若い教師は知らないかもしれません。

　現在のロシア連邦では，大統領が一番えらい役職です。ウラジーミル・プーチン大統領ですね。時代や場所によって，えらい役職は変わっていくのです。

第 6 章

いろいろな
話合い活動

ディベートとは？

ディベートとは

ディベートとは，討論の形態の１つです。辞書を引くと，次のように書いてあります。

> あるテーマについて肯定側と否定側とに分かれて行う討論。ジャッジ側が勝ち負けを宣する場合もある。 『広辞苑第六版』より

話し合うテーマは「論題」といいます。論題には，「制服は廃止すべきである」という「Ａか，非Ａか」型や，「給食がよいか，弁当がよいか」という「Ａか，Ｂか」型などがあります。岡本明人氏は，ディベートには次の５つのルールがあると述べています。（出典：岡本明人著『授業ディベート入門』明治図書，1992年）

ルール１　論題を決める
ルール２　形式的に肯定側と否定側の二つの立場を決める
ルール３　立論・反対尋問・最終弁論の三つの要素が必要である
ルール４　勝ち負けの評価をする
ルール５　時間を決める

以上のルール（特にルール４の勝敗の有無）により，ディベートにゲーム性が出て，子どもたちが意欲的に取り組むようになります。なお，ルール５の時間とは，立論・反対尋問・反駁の発言をする時間のことです。

ディベートの手順

ディベートは，次のような手順で進みます。

肯定側立論	2分
否定側による反対尋問	1分
否定側立論	2分
肯定側による反対尋問	1分
準備時間（作戦タイム）	1分
否定側反駁	2分
肯定側反駁	2分
準備時間（作戦タイム）	1分
最終意見	2分

【立論】：議論を立ち上げること

【尋問】：立論の根拠を確認すること

【反駁】：立論の吟味・検証

　これは小学生向けの一例です。中・高校生になると，立論が3分だったり，反駁が2回あったりします。

論題の正当性，妥当性

　高橋俊三氏（群馬大学教授・当時）は，ディベートの論題における正当性や妥当性について言及しています。（「特集　教室ディベートのよい論題わるい論題」『授業研究21』1995年10月号臨時増刊　No.437，明治図書）

　それは，例えば「殺人は許されるべきである」や「万引きをすることは悪くない」などという論題では，肯定派の立論が成り立たないということです。いくらディベートにゲーム性があるといっても，倫理的に問題があることについて，子どもに主張させることは望ましくありません。論題は，肯定側・否定側ともに正当性や妥当性のあるものを選ぶようにしましょう。

1 ディベート

ディベートの攻防

論題を決める

　ディベートをするには，まず論題を決めないといけません。論題には，次のような種類があります。

政策論題：あるものごとを「すべきかどうか」について話し合うもの
事実論題：あるものごとが「本当かどうか」について話し合うもの
価値論題：AとBの２つのものごと（立場）のうち「どちらがよいか」
　　　　　について話し合うもの

　　　　　　　　　　　　　　　　出典：全国教室ディベート連盟監修
　　　　　『ディベートをやろう！　論理的に考える力が身につく』
　　　　　　　　　　　　　　　　　　　　　　PHP研究所，2017年

　政策論題には，「自動販売機はなくすべきだ」などがあります。
　事実論題には，「邪馬台国は長崎にあった」などがあります。
　価値論題には，「弁当がよいか給食がよいか」などがあります。
　教室で行うディベートなので，学級会の議題と同じく，子どもにとって身近なものが適しています。
　論題の告知からディベートの試合までは数日あけて，その間に論題を分析（自動販売機の定義は飲食物だけか，傘など日用品の自動販売機も含むのか，等）したり，情報を収集（図書室やインターネットで調べる）したりする期間を確保するようにします。
　ほとんどの場合は，教師が論題を決めます。ディベートの練習であれば，

簡単にメリットやデメリットを探せるものがよいでしょう。

メリット・デメリットを整理する

　自分たちの主張にとってのメリットや，相手側の主張にとってのデメリットを思いつくだけ書き出し，その中からもっとも大きなメリットやデメリットを整理します。

　そして，他にメリットやデメリットはないのか，それが本当にメリットやデメリットになるのか，といったことを本やインターネットで調べます。身近なことであれば，家族や学級全員にアンケートをとるなどします。

　相手側の根拠の矛盾をつくのは常套手段なので，自分たちもメリットやデメリットの根拠をしっかりもっておかなければなりません。あいまいなものや真偽が不確かなものだったら，取り上げない方が賢明です。下手にそれを言うと，そこをつかれてしまうからです。

相手の立論を予想し，反論まで考えておく

　質疑（反対尋問）では，相手の主張の根拠をたしかめたり，それが本当かどうかを揺さぶったりします。ということは，相手もそうしてくることがわかっているわけです。

　そこで，自分たちの主張に，相手がどのような質疑をしてくるかを予想し，それに対する答えを用意しておきます。こう聞かれたらこう返す，というのを数パターン考えておくと，どんな質問にも落ち着いて答えることができ，審判団の印象もよくなります。このあたりの攻防が，ディベートの醍醐味でもあります。

　こちらの質疑に対しても相手は予想しているわけなので，相手の予想を超える質疑をするためには，様々な視点から情報収集をしておく必要があります。小学生ではそこまで高度なディベートはできないかもしれませんが，何回か繰り返していくとコツをつかむ子が出てきます。

1 ディベート

審判団による判定

ディベートの会場づくり

　ディベートは，以下のような会場が一般的です。学級によって人数や座席の場所など多少のアレンジをすることになります。

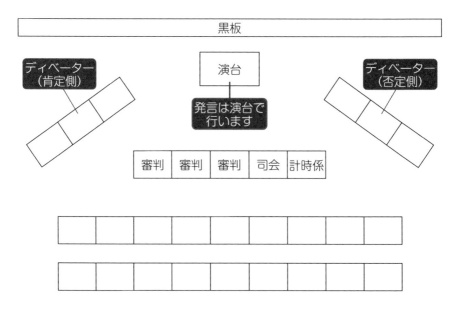

　審判団の後ろに他の子どもたちの座席があります。審判団の席は図の場所でなくても，問題ありません。

ディベートの判定

　私は，自己流で次のようにしていました。観点ごとの点数を合計して決め

る方法です。審判団は右のような判定表を使い，点数を記入します。4つの観点を5点満点でつけるので，合計20点です。それを審判団の人数分，合計します。審判団が3人いれば60点満点です。観点を5つにしたり，5点満点を3点満点にしたりとアレンジは可能です。

ディベート判定表

【論題】

【肯定側】　班　【否定側】　班　【司会】　班　【審判】　班

		肯定側（ ）班	否定側（ ）班
立論	・主張はわかりやすかったか ・主張に根拠があったか ・話し方・態度 （目線・言葉づかい）	1 2 3 4 5	1 2 3 4 5
質疑	・有効な質問だったか ・質問にきちんと答えていたか	1 2 3 4 5	1 2 3 4 5
反駁	・相手の論をくずせたか ・筋が通った論だったか ・話し方・態度 （目線・言葉づかい）	1 2 3 4 5	1 2 3 4 5
総合	・チームワークはよかったか ・まじめに一生懸命取り組んだか ・時間を有効に使えたか	1 2 3 4 5	1 2 3 4 5
合計		点	点

メモ

　審判団は，次のように判定を下します。

　　今日のディベートの判定を発表します。
　　肯定側は，立論○点，質疑○点，反駁○点，総合○点，合計○点です。
　　否定側は，立論○点，質疑○点，反駁○点，総合○点，合計○点です。
　　よって，（　）側の勝ちです。
　　肯定側のよかったところは，……です。
　　否定側のよかったところは，……です。
　　次回もがんばってください。おつかれさまでした。

　なお，全国教室ディベート連盟の書籍（『ディベートをやろう！　論理的に考える力が身につく』PHP研究所，2017年）では，3人の審判団がそれぞれ勝ったと思う方に挙手し，2対1で○○の勝利，とするやり方を示しています。

（辻川　和彦）

クラス会議とは？

子どもたちが "輪" になる

> クラス会議とは「子どもたちが自分たちでクラスの課題を話し合い，解決策を考える会議」です。
>
> クラス会議では，子どもたちの生活から出てきたトラブルや課題を，あたたかく受容的な雰囲気の中で，相談したり話し合ったりして解決します。
>
> 出典：赤坂真二編著『いま「クラス会議」がすごい！』学陽書房，2014年

もともとはアドラー心理学に基づいた学級経営として日本に紹介された「クラス会議」。私が初めてクラス会議について学んだのは，赤坂真二氏の著書からでした。クラスみんなで輪になって議題について話し合う雰囲気と，基本は "子どもたちに任せる" という子ども主体の話合いに憧れ，実践を始めました。クラス会議を実践した学級で「これはクラス会議のおかげかな？」と思ったのは，行事に向けてクラスごとに考えたパフォーマンス（ダンスや集団行動など）の練習をしている時のことでした。パフォーマンスの内容や練習の進め方は基本的には子どもたちに任せていたのですが，みんなで話合いをする時には自分たちで自然と "輪" をつくって話し合っていました。話合いだけでなくダンスの練習をする時にも "輪" になって練習していました。〈リーダー〉対〈多数〉という形ではなく，"輪" になって話し合ったり練習したりすることで，互いの顔が見やすくみんなが対等な関係で活動している雰囲気が伝わりました。

自分たちで"納得解"を決める

　クラス会議で話し合う議題は様々です。学級でお楽しみ企画をする時，行事に向けて話合いが必要な時，クラスで問題・困ったことが起きた時などの学級にかかわる議題もあれば，個々が抱えている悩みや相談が議題になる時もあります。

　議題の集め方・決め方もいろいろな方法があります。議題ポストを設置し，取り上げてほしい議題があれば用意しておいた議題用紙に書いて議題ポストに入れる方法や，毎日のふり返りをノート等に書いているのであればそのノートにいつでも議題を書いてよいことにして議題を募る方法もあります。

　私の場合，初めは「クラス会議は楽しいものだ」「クラス会議ではこんなことも議題にしていいんだ」と子どもたちに思ってもらえるように，教師が議題を決定し，その議題を取り上げた理由を説明してからクラス会議を行いました。すると，少しずつ「今度はこれを議題に取り上げてほしい」「これもクラス会議で話してみてはどうかな」という声が出てきました。その時には子どもたちの意見を取り上げ，徐々に子どもたちが議題を決めてよいシステムをつくっていきます。

　クラス会議で大事なことは，議題に対して"正解"を求めるのではなく，みんなが意見を出し合う中で"納得解"を決めることです。子どもたちにもクラス会議を取り入れる時に"納得解"について話しました。考え方は人それぞれであり，出てくる意見も様々です。A案とB案が出たらどちらがよいか多数決で決めるのではなく，A案を中心にしてB案のよいところを組み合わせるA＋B案や，A案とB案を生かして新たなC案を生み出すなど，出てきた意見に対して「賛成」「反対」だけでなく，それぞれの意見を生かす方法を考えられるようにしていきます。全員納得というのは難しいかもしれませんが，めざすべきところは全員の"納得解"を決めることであると，クラス会議の初めに話をしたり，実際に話し合っている時に"納得解"の決め方を示したりします。

（平井　百合絵）

クラス会議の実践

大きな輪・小さな輪を使い分ける

　「もうすぐ1学期も終わります。1学期の最後まで〇組を盛り上げられるようがんばります。というわけで，〇組でお楽しみ会みたいなのをやりたいなって思ってます！」という子どもの日記がありました。この日記を読み上げてもらったところからクラス会議が始まりました。この時は次のような流れでクラス会議を行いました。

(1)みんなでやってみたいレクを1人ずつ言い，書記が黒板にメモする。

(2)レクの内容について，質問・意見がある人が手を上げ，発言する。質問に答える人はレクの名前をあげた人でも他の人でもよいこととする。

(3)1人3つ候補を選び，どのレクをみんなでやりたいか投票する。

　この時は，(1)で30個ほどのレクの名前があがり，(2)でレクに対する質問や意見も多く出たので，(3)の投票をしたところで時間がきてしまいました。そこで，数日後，お楽しみ会の計画をつめていくためのクラス会議の時間を設けました。その時は次のような流れでクラス会議を行いました。

(1)クラスみんなで円になった後，投票で決まったレクについて全体で確認する。

(2)投票で決まった3つのレクについてグループをつくり，グループごとにミニクラス会議を行う。グループで話し合う議題は【レク名・場所・内容（ルール・約束・チーム分けなど）・みんなの持ち物・先生が準備する物・その他みんなに連絡すること・当日の役割分担】で，ホワイトボードにメモをとっておく。

(3)ミニクラス会議で決まったことを，クラス全体で円になって伝える。

⑷質問・意見があれば手を上げ，発言する。

　このように，クラス全体で円をつくって議題について話し合う場合と，グループごとで円になって話し合う場合を使い分けてクラス会議を行うと，みんなの前だとなかなか意見が言えない子でも，グループになると意見が言いやすくなり，発言できる子も増えます。また，みんなで円になって行うクラス会議の時にも，途中で３～４人の円をつくって１・２分意見交換する活動なども取り入れることで，意見が言いやすい雰囲気をつくっていきます。

子どもたちがつくった"発言システム"

　９月の運動会に向けて，学級でダンスなどのパフォーマンスの練習をしている時に，みんなでそろえて買う物の話題が出てきました。すると，リーダーの子がみんなに「今から円になってください。クラスのみんなでそろえて買う物を話し合います」と指示を出していました。１学期からクラス会議を行っていたからか，話合いの隊形は"円"という習慣がついていたのでしょう。自分たちで指示を出して始めたクラス会議だったので，私は介入せず，クラス会議の様子を見守っていました。すると，リーダーの子が議題を確認した後，みんなの意見を聞くために「意見がある人は立って，どんどん意見を言ってください」という方法を提案しました。輪番制，手を上げている人をあてて発言するなどの方法ではなく，意見がある人は立つというシステムをつくったことで，思ったことがあれば立ってすぐに意見が言える，次に意見を言いたい人が立って待っているという状況ができて進行がスムーズになり，話合いが活発に行われていました。もちろん，この方法にはメリットもデメリットもあります。ですが，まずは子どもたちが考えたアイデアを実践し，やってみるのもおもしろいです。

（平井　百合絵）

2 クラス会議

こんな時どうする？

発言する人に偏りがある時

　みんなの前で自分の意見を伝えることに抵抗がある子もいます。まずは教師がどんな意見も受けとめる姿勢を見せることが大切です。そして，子どもたち同士でも"互いの意見を認め合える"そんな雰囲気を，クラス会議だけでなく日頃の授業や学級活動の中で築き上げていくことが必要です。

　"互いの意見を認め合える"という雰囲気づくりにあわせて，挙手によって特定の子だけの発言で会議が進んでしまう進行から，みんなが発言できる進行に変える必要があります。例えば次の方法が考えられます。

・トーキングスティックなど，決められた物を持っている人が発言し，発言し終わったら次の人にまわす。その際に，パスも発言の1つとして認める。

・3～4人で意見を出し合う時間を設けた後，司会（または教師）の指名により発言する。その際に，自分の意見でも友達から聞いた意見でもよいことを伝えたり，3～4人で出し合った中でのベストアンサーを言ってもらうように指示したりする。

・子どもの相互指名により発言する。その際に，発言する人が偏らないよう，事前に子どもたちに何度も同じ人を指名しないなどの約束を伝えておく。

　初めは自分の意見を言うのをためらったり，すぐに発言できなかったりする子もいると思います。様々な場面で発言できる機会を与え，そこで教師や

子どもたち同士で認め合える雰囲気を築き上げることで，少しずつ自分の意見を伝えることへの抵抗を取り除いてあげましょう。

"納得解" に納得しない子がいた時

　意見が出た後は，みんなが納得できるような "納得解" を決めていきます。その時，みんなで決めた "納得解" に最後まで納得していない子がいるかもしれません。そんな子がいた時には，次のようなアプローチをします。

　まずは，クラス会議が終わった後に，納得していない子本人に「どうして納得していないのか」「どんな "納得解" だったら納得するのか」を聞きます。納得していないのには，その子なりの理由があります。教師が受容的に聞き，その子自身の意見を認めてあげることが大切です。

　次に，その子の意見を聞きながら，クラス会議の様子をふり返ります。例えば，

・その子の意見が会議全体で取り上げられていたのか，そうではないのか
・その子の意見が会議全体で否定的に取り上げられていないか
・その子の意見が "納得解" に生かされているのか，まったく反映されていないのか

　これらのことをふり返ることで，その子本人へのアプローチ，そしてクラスへのアプローチが変わります。もしその子の意見が全体で取り上げられていなかったり，会議で否定的に取り上げられていたりしたのであれば，「もう一度クラス会議を開いて，みんなに相談してみようか」と言って，その子の問題意識を取り上げたクラス会議を行います。その子自身が議題を発表してもよいし，教師から投げかけてもよいでしょう。もしその子の意見が全体で取り上げられ，"納得解" に生かされているのであれば，教師から説明してあげましょう。「あなたの○○という意見が "納得解" のこんなところに生かされているよ」と，その子の意見を認めるとともに，"納得解" のどこに反映されているのかを教えることが，自分の意見も入っているんだというその子の自己肯定感を高めることにつながります。　　　　　（平井　百合絵）

3 ファシリテーション

ファシリテーションとは？

ファシリテーションとは

ファシリテーション（facilitation）とは，

> 人々の活動が容易にできるよう支援し，うまくことが運ぶよう舵取り
> すること。集団による問題解決，アイデア創造，教育，学習等，あらゆ
> る知識創造活動を支援し促進していく働き
>
> 出典：「ファシリテーションとは？」（「日本ファシリテーション協会」）
>
> https://www.faj.or.jp/facilitation/

を意味しています。

その舵取りをする人，会議でいえば進行役をファシリテーターといいます。

もともと，従来の会議では十分な成果を出せない企業を中心として広がっていましたが，一斉授業では座っていられない，話を聞けない子どもたちへの手立ての1つとして，学校教育にも取り入れられるようになってきました。

ちょうど，新学習指導要領で「主体的・対話的で深い学び」が叫ばれるようになり，授業に活用できる対話学習としても注目をあびています。その場合，教師がファシリテーターの役割をすることになります。

いろいろなファシリテーション

ファシリテーションとは，1つのやり方を示すものではありません。

堀公俊氏は，著書『ファシリテーション入門〈第2版〉』（日本経済新聞出版社，2018年）の中で，次のような手法を紹介しています。

手法	進め方
手挙げアンケート	選択型の質問の回答を挙手で意思表示して議論の口火を切る。
バズ	2〜3人で集まって，テーマに関して思ったことを雑談する。
ペアインタビュー	2人で各々の思いや考えを取材し合って互いの理解を深めていく。
ブレーンストーミング	4つのルール（①自由奔放，②批判厳禁，③便乗歓迎，④質より量）を守りながら，自由にアイデアを連想していく。
ストラクチャードラウンド	順番に発言を回し，誰かが話をしている時は，他のメンバーは傾聴に徹する。トーキングスティックを使うとよい。
ダイアローグ	テーマの本質にかかわる新たな考え方を探求する話合い。
ワールドカフェ	小グループに分かれ，メンバーを交替しながら対話を重ねていく。
ディベート	賛成派・反対派に分かれ，自説を主張し，相手に反論をする。
親和図法	意見を付箋に書き出して，似たような意見をグループ化して見出しをつけていく。それを小→中→大グループと繰り返す。

　北海道の中学校教師，堀裕嗣氏は教室で実践できるファシリテーションを『教室ファシリテーション　10のアイテム　100のステップ』（学事出版，2012年）で，「10のアイテム」として紹介しています。

　・ペア・インタビュー　　　　・ペア・ディスカッション
　・グループ・ディスカッション　・マイクロディベート
　・ロールプレイ・ディスカッション・ブレイン・ストーミング
　・ワールド・カフェ　　　　　・ギャラリー・トーク
　・オープン・スペース・テクノロジー・パネル・チャット

　ファシリテーションはその状況や目的に応じて，様々な手法を使い分けることができます。興味・関心のある方は，おふたりの著書をお読みください。

ワールド・カフェの手法

ワールド・カフェとは

　ファシリテーションの手法は，45分間，１つの手法を用いて行うのに適している場合もあれば，短時間で行って意見を出し合い，その後，主活動に入るというパターンもあります。学級会のみならず，どの教科でも使えます。ここでは，「ワールド・カフェ」という手法を紹介します。

> 　ワールド・カフェは，メンバーの組み合わせを変えながら，４〜５人単位の小グループで話合いを続けることにより，あたかも参加者全員が話し合っているような効果が得られる会話の手法です。
>
> 　　　　出典：香取一昭・大川恒著『ワールド・カフェをやろう！』
> 　　　　日本経済新聞出版社，2009年，20ページ

　いきなりはできないので，少人数の話合いやブレイン・ストーミングなどを何度か経験させておくとよいでしょう。

①第１ラウンド（探求）

　テーマが与えられたら，４〜５人ずつのグループに分かれます。１人を「ホスト」に決め，進行役にします。自由に話しながら，出たアイデアを手元の四つ切り画用紙に書いていきます（高学年や，複数回やって慣れてきた場合は模造紙など大きめの紙にします）。最初は，教師がテーブルをまわりながら，「その言葉，書いてみたら？」とすすめたり，子どもの話を聞いて教師がかわりに書いたりします。時間は10分です。

②第2ラウンド（他花受粉）

　各グループのうち，ホスト以外のメンバーは「旅人」となって他のテーブルへ移動します。移動先のホストは，第1ラウンドでは，そのテーブルでどのようなアイデアが出たのかを説明します。説明の後，各メンバーが自分がいたテーブルでの話合いの内容を紹介します。新しいアイデアが出たら，机上の画用紙に追加していきます。時間は10分です。

③第3ラウンド（統合）＋記入タイム（5分）

　旅人たちが最初にいたテーブルに戻ります。ホストは「旅先（他のテーブル）で聞いたことを話してください」と指示し，メンバーは旅先で得たアイデアを話します。画用紙に書いていないアイデアやキーワードが出たら，それも記入していきます。第3ラウンドの時間は10分，記入タイムは5分です。

④全体セッション（収穫・共有）

　全員が自由に歩きまわり，各テーブルの画用紙を見ながら感想を言い合います。本来のワールド・カフェでは，各自が一番重要だと思ったことを付箋に書いて中央のホワイトボードなどに貼りつけ，参加者全員がホワイトボードの前に集まって貼られた付箋を同じグループごとに集めます。時間は10分です。

ワールド・カフェの留意点

　それぞれのラウンドでは，ディスカッションではなく，ダイアログを行います。ダイアログとは，「自分の立場や考えに固執せず，お互いの発言を深く探求しながら，共通の意味を探し求める会話のあり方」をいいます（前掲書185ページ）。自分の主張を通す場ではないということを，始める前によく確認させておきましょう。

　ここで紹介した方法は小学生向けにアレンジしていますが，大人向けの場合は，それぞれの時間配分が2〜3倍になります。

3 ファシリテーション

学級会とファシリテーション

学級会とファシリテーションの違い

　ファシリテーションは，それぞれの手法はあるものの，子どもの実態に応じて細部はかなり自由に設定できます。前項のワールド・カフェも，本来は大人が行っていたものを子ども向けに取り入れているので，かなり単純化し，時間設定も変えています。校種や学年，子どもの実態によって，自分の学級に適したやり方を開発していくとよいでしょう。

　なお，ファシリテーションは，従来の会議では十分な結果が出ないために生まれた，新たな話合いの手法です。

　「なら，学級会も挙手→司会の指名→発言のように堅苦しいやり方じゃなくて，ファシリテーションでやればよいのでは？」
と思われるかもしれません。しかし，ファシリテーションと学級会では，大きく違うところがあります。それは，

　教師がファシリテーターである以上，教師主導の話合いである

ということです。

　学級会は，子どもによる自発的，自治的な活動をめざしています。途中で教師の指導が入るにしても，それは初期段階や，途中で方向がずれてしまった場合であり，基本的には教師は「見守る」スタンスです。

　しかし，ファシリテーションは，ファシリテーターである教師主導の話合いになります。これでは，自治的な活動にはなりません。

　また，社会でファシリテーションが増加しているといっても，学級会のよ

146

うに司会（議長）による挙手→指名方式の会議もまだまだあります。このようなやり方を，子どもたちに経験させておくことも大切です。

学級会とファシリテーションを組み合わせる

とはいうものの，学級会でも，途中で少人数になって意見を出し合わせる場面は考えられます。そのようなところでファシリテーションの手法を使うことは可能です。教師が教科の授業でファシリテーションを行っていれば，子どもたちもやり方がわかります。

あらかじめ，司会に「ここでは，○○の方法を使ってみよう」などとアドバイスをしておきます。ファシリテーションの手法の名前を子どもたちに教えていれば，司会が自分で選択することも可能です。

「学級会はこうでなければならない」という固定観念をもつのではなく，柔軟にいろいろな手法を使うことで，よりよい話合いを行うことができます。そのためには，まず教師がファシリテーションをはじめ，いろいろな話合いの手法を知っておかなければなりません。

そして，ファシリテーションからの脱却

そのようにファシリテーションの手法を取り入れるにしても，いつまでも取り入れ続けるのもどうかと思います。ファシリテーションの手法で意見が出やすいのは，基本的に少人数で行う気軽さがあるからです。しかし，いつまでも少人数でないと意見が言えないのでは困ります。ある時期以降になれば，ファシリテーションの手法なしで学級会を進めてもよいでしょう。

ただし，並行して他教科の授業でも意見を言い合える力をつけておくことが不可欠です。教科の授業で自分の意見を言えないのに，学級会になったら言えるようになるわけがありません。特定の教科だけでなく，すべての教育活動を通して「話合いをする力」をつけていくのです。

（辻川　和彦）

あとがき

本書は，『〇〇指導　完ペキマニュアル』シリーズの1冊です。

これまでのテーマには，「掃除」「給食」「運動会」があります。

おわかりでしょうが，すべて教科書がないものばかりです。

教科書がないから，「どうすればよいのかわからない」「自分がやっていることは間違っているかもしれない」と悩んでいる教師向けにつくった本です。

さて，本書のテーマは，「学級会」です。

これもまた，教科書がありません。

ただし，このテーマは，他のテーマとは少々違います。

「掃除」「給食」「運動会」の指導は好むと好まざるとにかかわらず，どの教師も担任であれば取り組まざるを得ません。

しかし，学級会は，しなければしないで1年間やりすごせるものなのです。（いや，しなければいけないのですよ。ただ，教科化以前の道徳と同じく，席替えなど他の内容に振り替えられていることが多いのです）

つまり，学級会は，それほど必要感がないのではないか？

だとすると，この本を手に取って，買おうとする教師がどれほどいるのだろうか？とも思うわけです。

新学習指導要領が本格実施され，学力向上が叫ばれています。

国語や算数の指導法を求める教師は多いでしょうが，学級会の指導法を求める教師はそんなに多くはないでしょう。

だからかもしれませんが，国語や算数に比べて学級会をテーマにした書籍は大変少ないのです。

しかし，だからこそ，学級会をテーマにした本が必要だと感じています。

その数少ない，学級会の指導に悩み困っている教師が，学級会をテーマにした書籍を探した時に，手に取って読むことができる本が必要なのです。

話合いの指導は，時間がかかるものです。

　話合いの指導は，面倒なものです。

　しかし，世の中のほとんどのことは，話合いで決められています。

　友人と一緒に見に行く映画や明日の晩ごはんのおかずといった庶民的なことから，国際間の貿易交渉や戦争の停戦合意まで，話合いでまとまります。

　それが，妥協とかけひきの結果であったとしても，話合いは話合いです。

　メールやインターネット，AI（人工知能）などのツールが進んでも，いや進んでいるからこそ，人間同士による生のコミュニケーションが大切です。

　そして，新学習指導要領では「主体的・対話的で深い学び」が叫ばれています。

　そう，学級会は学力向上と相反するものではなく，合致するものなのです。

　本書は，これまでのシリーズ同様，趣旨に賛同していただいた全国の仲間に執筆していただきました。

　急な依頼だったにもかかわらず，快諾してくださったみなさん，ありがとうございました。

辻川　和彦

【執筆者紹介】 （執筆順）

辻川　和彦　　長崎県川棚町立川棚小学校

岸本　勝義　　岡山県赤磐市立軽部小学校

吉田　　翔　　岡山県津山市立一宮小学校

池嶋　知明　　岡山県赤磐市立豊田小学校

平井百合絵　　愛知県豊川市立音羽中学校

猪飼　博子　　愛知県あま市立甚目寺南小学校

古橋　功嗣　　愛知県刈谷市立東刈谷小学校

高本　英樹　　岡山県公立小学校

広山　隆行　　島根県松江市立大庭小学校

西田　智行　　山口県下関市立滝部小学校

【編著者紹介】
辻川　和彦（つじかわ　かずひこ）
1968年長崎県生まれ。1995年から教職に就く。現在，長崎県内の小学校に勤務。「佐世保教育サークル」に所属。「道徳のチカラ」の機関誌『道徳のチカラ』編集長。
〈編著〉『現場発！失敗しないいじめ対応の基礎・基本』（日本標準）『掃除指導　完ぺキマニュアル』（明治図書）『給食指導　完ぺキマニュアル』（明治図書）

学級会指導　完ぺキマニュアル

2020年2月初版第1刷刊　Ⓒ編著者　辻　　川　　和　　彦
2023年7月初版第3刷刊　発行者　藤　　原　　光　　政
　　　　　　　　　　　　発行所　明治図書出版株式会社
　　　　　　　　　　　　　　　　http://www.meijitosho.co.jp
　　　　　　　　　　（企画）茅野　現（校正）嵯峨裕子
　　　　　　　　　　〒114-0023　東京都北区滝野川7-46-1
　　　　　　　　　　振替00160-5-151318　電話03(5907)6701
　　　　　　　　　　　　　　ご注文窓口　電話03(5907)6668
＊検印省略　　　　　　　組版所　中　央　美　版

Printed in Japan　　　　　ISBN978-4-18-279018-8
もれなくクーポンがもらえる！読者アンケートはこちらから